Les Agences de Notation Financière : Évaluation des Risques et Impact sur les Marchés Mondiaux

Préambule

Dans les coulisses des marchés financiers mondiaux, un acteur discret mais influent façonne les décisions des investisseurs, des gouvernements et des entreprises. Les agences de notation financière, avec leur capacité à attribuer des notations de crédit, sont au cœur de la confiance et de la stabilité des marchés financiers. Elles exercent un pouvoir considérable en évaluant la solvabilité des émetteurs de dettes, des États aux entreprises en passant par les collectivités locales.

Ce livre vous emmènera dans un voyage fascinant à travers l'histoire, l'évolution et le rôle essentiel des agences de notation financière. Vous découvrirez comment ces institutions ont vu le jour au début du XXe siècle, avec pour mission initiale d'évaluer la solvabilité des entreprises ferroviaires, et comment elles ont élargi leur champ d'application pour devenir des acteurs clés dans l'univers complexe des marchés financiers.

Nous explorerons en détail les critères de notation, les méthodologies, et les nuances de la notation des dettes souveraines, corporatives et municipales. Vous comprendrez comment une simple lettre, chiffre ou symbole peut avoir un impact considérable sur les coûts de financement, la confiance des investisseurs et la trajectoire financière d'une entité.

Les notations de crédit ne sont pas sans controverses, et nous aborderons également les questions entourant ces agences, telles que les conflits d'intérêts potentiels et les réformes réglementaires visant à renforcer leur transparence et leur responsabilité.

Enfin, nous plongerons dans l'impact des notations de crédit sur les marchés financiers, les entreprises, et la stabilité économique. Vous découvrirez comment les notations peuvent influencer l'accès au financement, les relations avec les investisseurs, et la gestion du risque, tout en explorant des exemples marquants de crises financières liées aux notations et les réformes mises en place pour atténuer ces risques.

Les agences de notation financière, omniprésentes mais souvent méconnues, occupent une place cruciale dans le monde de la finance. Ce livre a pour ambition de lever le voile sur leur fonctionnement, leur histoire et leur impact, offrant ainsi une perspective éclairée sur un domaine essentiel mais complexe. Que vous soyez un investisseur, un étudiant en finance, ou simplement un curieux des arcanes des marchés financiers, nous espérons que cette

exploration des agences de notation financière enrichira votre compréhension du monde financier qui nous entoure.

1. Présentation des Objectifs de notre Étude

Les agences de notation financière jouent un rôle central dans le monde de la finance, influençant les décisions de nombreux acteurs du marché, des investisseurs individuels aux institutions financières et aux gouvernements, en passant par les entreprises du monde entier. Leur impact significatif s'étend au-delà des marchés financiers pour toucher l'économie globale. Dans ce chapitre, nous allons explorer plus en détail leur rôle essentiel en examinant leur histoire, leur évolution au fil du temps, et en soulignant leur influence sur la prise de décision.

- Influence sur les Investisseurs :

Les agences de notation financière sont largement suivies par les investisseurs, qu'ils soient professionnels ou individuels. Les notations fournies par ces agences sont un outil essentiel pour évaluer la qualité et le risque associé à différents investissements. Par exemple, un investisseur cherchant à acheter des obligations d'entreprise peut se baser sur les notations pour évaluer la solidité financière de l'émetteur. Cela influence directement les décisions d'achat, de vente ou de conservation d'actifs financiers. Les notations aident également à diversifier les portefeuilles en choisissant des investissements avec des niveaux de risque correspondant aux objectifs de l'investisseur.

- Impact sur les Entreprises :

Les entreprises émettent des titres financiers pour lever des capitaux sur les marchés. Les notations attribuées à ces titres ont un impact direct sur la capacité de l'entreprise à attirer des investisseurs et à obtenir un financement à des conditions favorables. Une notation élevée peut réduire les coûts d'emprunt, tandis qu'une notation basse peut les augmenter. Par conséquent, les entreprises cherchent souvent à maintenir ou à améliorer leur notation pour accéder à des financements abordables, ce qui peut influencer leur stratégie financière et opérationnelle.

- Rôle dans les Décisions Gouvernementales :

Les gouvernements, en particulier ceux qui empruntent sur les marchés internationaux, sont également fortement influencés par les notations. Une notation souveraine élevée est un signe de crédibilité et de stabilité financière pour un pays, ce qui facilite l'accès aux marchés financiers et permet de lever des fonds à des taux d'intérêt plus bas. En revanche, une notation basse peut entraîner des coûts d'emprunt plus élevés et des contraintes budgétaires. Les notations influencent ainsi les politiques budgétaires et les décisions de gestion de la dette des gouvernements.

- Impact sur la Stabilité Économique :

Enfin, l'influence des agences de notation financière s'étend au-delà des acteurs individuels. Les évaluations de crédit jouent un rôle crucial dans la stabilité des marchés financiers et de l'économie en général. Des notations imprécises ou biaisées peuvent contribuer à des crises financières majeures, comme la crise des subprimes de 2008. Par conséquent, les régulateurs financiers et les gouvernements ont régulièrement examiné et réformé le fonctionnement des agences de notation pour réduire les risques systémiques.

En somme, les agences de notation financière occupent une position centrale dans l'écosystème financier mondial. Leurs notations influencent les décisions des investisseurs, des entreprises et des gouvernements, et leur rôle est profondément enraciné dans l'économie mondiale. Pour comprendre leur impact et leur fonctionnement, il est essentiel de plonger plus profondément dans leur méthodologie, leurs critères de notation et les conséquences de leurs évaluations, que nous explorerons dans les chapitres suivants.

1.1 Histoire et Évolution

Les agences de notation financière ont une histoire riche qui remonte au début du 20e siècle. À l'origine, elles étaient principalement des agences de notation des chemins de fer et des entreprises industrielles. Au fil du temps, leur rôle s'est étendu pour englober les notations des dettes souveraines, des entreprises, des instruments financiers structurés, et même des collectivités locales. Voici quelques points clés de leur histoire et de leur évolution :

1.1.1 Les débuts :

L'histoire des agences de notation financière remonte au début du 20e siècle, avec un événement marquant qui a eu un impact significatif sur le développement de cette industrie. En 1909, aux États-Unis, l'agence John Moody's & Company a été fondée par John Moody, un pionnier dans le domaine de l'évaluation du crédit. L'objectif initial de cette agence était d'évaluer la solvabilité des entreprises ferroviaires, un secteur clé de l'économie américaine à l'époque.

1.1.2 Contexte de l'époque :

Au début du 20e siècle, les chemins de fer étaient le principal moyen de transport aux États-Unis, jouant un rôle crucial dans le développement économique du pays. Cependant, les investisseurs et les créanciers étaient confrontés à un défi majeur : comment évaluer la solvabilité et la fiabilité des entreprises ferroviaires avant d'investir leur argent ou d'accorder des prêts ? Cette question a donné naissance à un besoin croissant d'informations crédibles et indépendantes sur la santé financière de ces entreprises.

1.1.3 Le rôle pionnier de John Moody :

John Moody, un analyste financier visionnaire, a reconnu cette lacune dans le marché financier et a entrepris de la combler. Il a fondé John Moody's & Company et a développé un système de notation pour évaluer la qualité du crédit des entreprises ferroviaires. Ce système attribuait des notations aux différentes entreprises en fonction de leur capacité à rembourser leurs dettes, en prenant en compte divers facteurs financiers, opérationnels et économiques.

1.1.4 Les débuts de la notation financière :

La création de John Moody's & Company a marqué le début de la notation financière telle que nous la connaissons aujourd'hui. L'idée d'utiliser des notations pour évaluer la solvabilité des émetteurs et des instruments financiers est devenue rapidement populaire, car elle fournissait un moyen objectif et standardisé d'évaluer les risques. Les notations permettaient aux investisseurs de prendre des décisions plus éclairées, réduisant ainsi l'incertitude et le risque associés aux investissements.

Au fil du temps, d'autres agences de notation ont vu le jour pour élargir leur champ d'application et évaluer une variété d'émetteurs, y compris les entreprises, les gouvernements, les municipalités et les instruments financiers complexes. L'industrie de la notation financière s'est étendue pour devenir un acteur clé dans les marchés financiers mondiaux, avec une influence considérable sur les investisseurs, les entreprises et les gouvernements.

L'objectif initial de John Moody, qui était d'évaluer la solvabilité des entreprises ferroviaires, a finalement donné naissance à une industrie qui impacte de manière significative la finance et l'économie mondiales, en fournissant des évaluations de crédit essentielles pour une gamme variée d'émetteurs et d'instruments financiers. Cette histoire met en lumière la manière dont l'innovation et l'entrepreneuriat peuvent façonner l'évolution du secteur financier.

1.2 Croissance et consolidation :

Au cours du 20e siècle, l'industrie des agences de notation financière a connu une expansion significative avec la création de nouvelles agences qui ont élargi leur portée au-delà de l'évaluation des entreprises ferroviaires. Parmi les agences les plus renommées qui ont vu le jour au cours de cette période, on trouve Standard & Poor's (S&P) et Fitch Ratings, qui ont contribué à façonner le paysage de la notation financière mondiale.

1.2.1 La Montée de Standard & Poor's (S&P) :

L'une des agences de notation les plus influentes et renommées à travers le monde est Standard & Poor's. Elle a été fondée en 1860 en tant que maison d'édition de données financières, mais c'est au 20e siècle que S&P est devenue une agence de notation de premier plan. Son rôle s'est rapidement diversifié pour inclure l'évaluation de la solvabilité des entreprises, des gouvernements et des instruments financiers. Les notations de S&P sont devenues un critère essentiel pour les investisseurs et les institutions financières, guidant leurs décisions d'investissement et de prêt. S&P a introduit le système de notation basé sur des lettres que nous connaissons aujourd'hui, allant de AAA (la plus haute qualité) à D (défaut).

1.2.2 L'Émergence de Fitch Ratings :

Fitch Ratings est une autre agence de notation importante qui a vu le jour au 20e siècle. Fondée en 1913 par John Knowles Fitch, Fitch Ratings s'est rapidement développée en tant qu'agence de notation de référence. Elle a été reconnue pour sa capacité à évaluer les risques liés aux obligations municipales, un domaine important aux États-Unis. Au fil du temps, Fitch Ratings s'est étendue pour noter une gamme plus large d'émetteurs, y compris des entreprises et des instruments financiers complexes. Elle est également connue pour son système de notation similaire à celui de S&P, avec des notations allant de AAA à D.

1.2.3 Diversification et Concurrence :

L'émergence de S&P et de Fitch Ratings a introduit une concurrence significative dans le secteur des agences de notation financière. Cette concurrence a poussé les agences à innover et à améliorer leurs méthodologies de notation. Elle a également encouragé les agences à se diversifier pour noter un éventail plus large d'émetteurs, tels que les gouvernements, les collectivités locales, les institutions financières, les instruments structurés, les produits dérivés, etc. Cette diversification a élargi leur influence et leur portée, en faisant d'elles des acteurs clés dans la prise de décision financière à l'échelle mondiale.

Au fur et à mesure que de nouvelles agences de notation ont vu le jour et se sont développées, elles ont renforcé le rôle central de la notation financière dans les marchés financiers. Les notations sont devenues un élément essentiel de la transparence, de la confiance des investisseurs et de la stabilité financière, mais elles ont également suscité des débats sur la manière dont elles opèrent, leur indépendance et leur responsabilité dans les crises financières. Ces questions ont conduit à des réformes réglementaires visant à améliorer la gouvernance et la qualité des notations financières.

1.3 Rôle dans la réglementation :

Les agences de notation financière ont gagné en importance en tant qu'acteurs clés dans la réglementation financière, en grande partie en raison de leur influence sur les marchés et leur rôle dans l'évaluation des risques associés aux instruments financiers. Leur impact s'est intensifié au cours des dernières décennies, notamment après la crise financière mondiale de 2008. Voici comment leur rôle dans la réglementation financière s'est renforcé, avec un accent particulier sur leur implication dans l'évaluation des titres adossés à des créances hypothécaires :

1.3.1 Influence sur la Réglementation :

Les agences de notation financière jouent un rôle clé dans le processus de réglementation financière en raison de leur capacité à évaluer la qualité du crédit des émetteurs et des instruments financiers. Leurs notations sont utilisées par les régulateurs, les investisseurs et les institutions financières pour évaluer les risques associés à différents actifs et produits financiers. Ces notations sont souvent utilisées pour déterminer les exigences de capital, les limites de risque et d'autres aspects de la réglementation.

1.3.2 Titres Adossés à des Créances Hypothécaires (MBS) :

Après la crise financière de 2008, les agences de notation ont été soumises à un examen minutieux en raison de leur rôle dans l'évaluation des titres adossés à des créances hypothécaires (MBS), qui étaient au cœur de la crise. Les MBS étaient des produits financiers complexes créés en regroupant des prêts hypothécaires individuels et en les transformant en titres négociables. Les agences de notation ont attribué des notations élevées à de nombreux MBS, suggérant qu'ils étaient peu risqués, ce qui a conduit de nombreux investisseurs à sous-estimer les risques réels.

La crise financière de 2008 a révélé que de nombreux MBS étaient en réalité risqués, car ils contenaient des prêts hypothécaires subprimes, c'est-à-dire des prêts accordés à des emprunteurs peu solvables. Lorsque le marché immobilier s'est effondré, de nombreux emprunteurs ont cessé de rembourser, ce qui a entraîné des pertes importantes pour les investisseurs. Cette crise a conduit à une perte de confiance dans l'industrie de la notation financière, car il était clair que les notations n'avaient pas reflété adéquatement les risques réels.

1.3.3 Réformes Réglementaires :

La crise financière de 2008 a incité les régulateurs et les gouvernements à prendre des mesures pour renforcer la réglementation des agences de notation financière. Des réformes ont été mises en place pour améliorer la transparence, réduire les conflits d'intérêts et accroître la surveillance des pratiques de notation. Par exemple, la loi Dodd-Frank aux États-Unis a introduit des dispositions visant à accroître la responsabilité des agences de notation et à améliorer la qualité des notations.

En résumé, les agences de notation financière ont joué un rôle central dans la réglementation financière en raison de leur influence sur les marchés et leur impact sur l'évaluation des risques. Leur rôle dans l'évaluation des titres adossés à des créances hypothécaires a été particulièrement examiné après la crise financière de 2008, ce qui a conduit à des réformes réglementaires visant à renforcer la surveillance et la transparence de l'industrie de la notation financière.

1.4 Rôle et Importance dans les Marchés Financiers

Les agences de notation financière ont acquis une position de grande influence dans les marchés financiers, principalement en raison de leur capacité à évaluer le crédit et les risques associés aux émetteurs et aux instruments financiers. Voici les principaux aspects de leur rôle et de leur importance :

1.4.1 Évaluation du crédit :

Le rôle principal des agences de notation financière réside dans l'évaluation de la capacité d'un emprunteur, qu'il s'agisse d'une entreprise, d'un gouvernement ou d'une autre entité, à honorer ses obligations de remboursement de dette. Ces obligations de remboursement peuvent prendre la forme d'obligations, de prêts, de titres adossés à des actifs, ou d'autres instruments financiers. L'objectif ultime est de fournir aux investisseurs et aux créanciers des informations crédibles et indépendantes sur le risque de crédit associé à ces émetteurs et à leurs instruments financiers. Voici comment ce rôle central des agences de notation fonctionne :

1.4.1.1 Évaluation de la capacité de remboursement :

Les agences de notation mènent une analyse approfondie de l'emprunteur, en examinant sa situation financière, sa santé opérationnelle, sa gestion des risques, son historique de remboursement, et d'autres facteurs pertinents. L'objectif est de déterminer dans quelle mesure l'emprunteur est en mesure de respecter ses engagements financiers, y compris le paiement en temps et en heure du principal et des intérêts sur sa dette.

1.4.1.2 Attribution de notations :

À la suite de cette analyse, les agences de notation attribuent des notations, qui sont généralement exprimées sous forme de lettres. Les notations représentent un classement de la qualité du crédit, allant des notations les plus élevées aux notations les plus basses. Par exemple, la notation la plus élevée est souvent notée "AAA" (ou équivalent), indiquant le plus faible niveau de risque de crédit, tandis que les notations plus basses telles que "AA," "A," "BBB," et ainsi de suite, reflètent des niveaux de risque croissants. Plus la notation est élevée, plus l'emprunteur est censé être sûr et fiable du point de vue du remboursement de sa dette.

1.4.1.3 Communication aux investisseurs et créanciers :

Les notations attribuées par les agences sont largement diffusées et communiquées aux investisseurs, aux créanciers, aux régulateurs et au public. Ces notations servent de guide aux acteurs du marché pour évaluer le risque de crédit associé à un investissement ou à une transaction particulière. Par exemple, un investisseur qui recherche un placement sûr peut opter pour des titres notés AAA, tandis qu'un investisseur plus avers au risque peut se tourner vers des titres notés BBB.

1.4.1.4 Impact sur les coûts de financement :

Les notations ont un impact direct sur les coûts de financement de l'emprunteur. Les émetteurs notés plus bas, c'est-à-dire ceux considérés comme présentant un risque de crédit plus élevé, devront payer des taux d'intérêt plus élevés pour attirer les investisseurs. À l'inverse, les émetteurs notés plus haut bénéficieront de taux d'intérêt plus bas, car leur risque de non-remboursement est considéré comme plus faible. Par conséquent, les notations peuvent avoir un impact significatif sur les coûts d'emprunt d'une entité et, par extension, sur sa situation financière globale.

En résumé, le rôle essentiel des agences de notation financière est de fournir une évaluation impartiale et fiable de la capacité d'un emprunteur à honorer ses engagements de remboursement de dette. Ces notations sous forme de lettres servent de référence pour les investisseurs, les créanciers et les décideurs, influençant ainsi leurs décisions et jouant un rôle crucial dans la stabilité des marchés financiers et de l'économie en général.

1.4.2 Aide à la prise de décision :

Les notations financières attribuées par les agences jouent un rôle central dans le fonctionnement des marchés financiers en servant de référence essentielle pour une variété d'acteurs. Elles sont un outil précieux pour les investisseurs, les prêteurs, et les émetteurs, influençant les décisions de chaque groupe de manière significative.

1.4.2.1 Les Investisseurs :

1.4.2.1.1 Évaluation des Risques :

Les investisseurs, qu'ils soient individuels, gestionnaires de portefeuille, fonds de pension, ou autres, utilisent les notations pour évaluer la qualité du crédit d'un émetteur ou d'un instrument financier. Par exemple, si un investisseur envisage d'acheter des obligations d'une entreprise, il examinera la notation attribuée à ces obligations par les agences. Une notation élevée, comme "AAA," indique une qualité de crédit élevée et un risque de défaut potentiellement faible, ce qui peut rendre l'investissement plus attrayant. À l'inverse, une notation plus basse, comme "B," signale un risque plus élevé et peut dissuader certains investisseurs.

1.4.2.1.2 Diversification du Portefeuille :

Les investisseurs utilisent les notations pour diversifier leurs portefeuilles. Ils cherchent à répartir leurs investissements entre différentes classes d'actifs et émetteurs en fonction de leur appétit pour le risque. Les notations aident à équilibrer les actifs plus risqués avec ceux qui sont plus sûrs, contribuant ainsi à la gestion du risque dans un portefeuille.

1.4.2.2 Les Prêteurs :

1.4.2.2.1 Prise de Décision de Prêt :

Les institutions financières telles que les banques utilisent les notations pour évaluer la solvabilité des emprunteurs. Lorsqu'un particulier ou une entreprise demande un prêt, la banque examine souvent sa notation de crédit. Cela influence la décision d'accorder ou de refuser le prêt, ainsi que les conditions de ce prêt, telles que le taux d'intérêt. Les emprunteurs bien notés sont plus susceptibles d'obtenir des prêts à des taux d'intérêt plus avantageux.

1.4.2.2.2 Gestion des Risques :

Les notations aident également les prêteurs à gérer les risques liés aux prêts. En attribuant des notations à leurs portefeuilles de prêts, les institutions financières peuvent identifier les emprunteurs à risque élevé et prendre des mesures pour minimiser les pertes potentielles.

1.4.2.3 Les Émetteurs :

1.4.2.3.1 Accès aux Marchés Financiers :

Les émetteurs, qu'il s'agisse d'entreprises, de gouvernements ou de collectivités locales, utilisent les notations pour accéder aux marchés financiers. Une notation élevée peut renforcer la confiance des investisseurs et faciliter la levée de fonds à des taux d'intérêt plus bas. Cela permet aux émetteurs de financer des projets, de refinancer des dettes existantes et de répondre à leurs besoins en capitaux.

1.4.2.3.2 Communication de la Qualité du Crédit :

Les émetteurs mettent en avant leurs notations pour communiquer la qualité de leur crédit aux investisseurs potentiels. Une notation élevée est perçue comme un gage de stabilité financière et renforce la crédibilité de l'émetteur sur les marchés financiers.

En résumé, les notations financières jouent un rôle crucial en fournissant des informations essentielles aux investisseurs, aux prêteurs et aux émetteurs. Elles facilitent la prise de décision, contribuent à la gestion du risque et soutiennent le fonctionnement efficace des marchés financiers en permettant l'accès au capital et en renforçant la confiance. Les notations sont ainsi devenues un élément fondamental de la finance moderne, influençant les choix et les stratégies de tous les acteurs impliqués.

1.4.3 Effet sur les coûts de financement :

L'impact des notations sur les coûts de financement est l'un des aspects les plus cruciaux du rôle des agences de notation financière. Les notations attribuées par ces agences ont un effet direct sur la capacité des emprunteurs à obtenir des fonds à des conditions favorables, principalement en termes de taux d'intérêt. Voici comment cela fonctionne en détail :

1.4.3.1 Les Notations et la Confiance des Investisseurs :

Les investisseurs, qu'il s'agisse d'individus, d'institutions financières ou de fonds d'investissement, accordent une grande importance aux notations des agences de notation financière. Une notation élevée, comme AA ou AAA, est perçue comme un signe de qualité et de stabilité financière. Les investisseurs ont tendance à faire confiance à ces notations pour évaluer le risque associé à un investissement.

1.4.3.2 Impact sur la Demande de Titres :

Un émetteur noté AAA, par exemple, est considéré comme très peu risqué, ce qui signifie que les investisseurs sont plus enclins à acheter ses titres. Cette forte demande pour les titres d'émetteurs bien notés a un effet direct sur les coûts de financement. Lorsque la demande est élevée, les émetteurs peuvent offrir des taux d'intérêt plus bas, car les investisseurs sont prêts à accepter des rendements moindres en échange d'un investissement considéré comme sûr.

1.4.3.3 Réduction des Coûts d'Emprunt :

Les émetteurs notés AA ou AAA bénéficient donc de taux d'intérêt plus bas sur leurs emprunts. Cela signifie que leurs coûts de financement sont réduits, ce qui peut avoir un impact significatif sur leurs résultats financiers. Les entreprises et les gouvernements peuvent économiser des millions, voire des milliards de dollars en intérêts grâce à des notations élevées, car elles empruntent à des taux plus compétitifs.

1.4.3.4 Difficultés pour les Émetteurs Mal Notés :

En revanche, les émetteurs notés B ou CCC sont perçus comme plus risqués, ce qui limite leur accès aux investisseurs. Ces émetteurs doivent offrir des taux d'intérêt plus élevés pour attirer des acheteurs, compensant ainsi le risque perçu. Cela signifie que leurs coûts de financement sont plus élevés, ce qui peut rendre la gestion de leur dette plus difficile.

1.4.3.5 Conséquences sur la Gestion de la Dette :

Les coûts de financement ont un impact direct sur la gestion de la dette des émetteurs. Les entreprises ou les gouvernements ayant des notations élevées ont un avantage, car ils peuvent emprunter à des taux plus bas et rembourser leurs dettes plus facilement. En revanche, les émetteurs mal notés peuvent se retrouver piégés dans une spirale de coûts d'emprunt élevés, ce qui peut compliquer leur situation financière.

En résumé, les notations attribuées par les agences de notation financière ont un impact majeur sur les coûts de financement des emprunteurs. Les émetteurs bien notés bénéficient de taux d'intérêt plus bas, ce qui réduit leurs coûts de financement et améliore leur capacité à lever des capitaux. En revanche, les émetteurs mal notés font face à des coûts d'emprunt plus élevés, ce qui peut entraver leur accès aux marchés financiers et leur capacité à gérer leur dette de manière efficace.

1.4.4 Contribution des Notations Financières à la Transparence du Marché

La transparence des marchés financiers est essentielle pour garantir l'équité, la confiance et le bon fonctionnement de l'économie mondiale. Les notations financières jouent un rôle crucial en contribuant à cette transparence en fournissant une évaluation indépendante de la qualité du crédit des émetteurs et de leurs instruments financiers. Ce chapitre se penche sur l'importance de cette contribution et explique comment les notations permettent aux investisseurs de prendre des décisions éclairées.

1.4.4.1 Transparence et Confiance

1.4.4.1.1 Transparence du Marché Financier :

La transparence est un principe fondamental des marchés financiers. Elle consiste à fournir aux investisseurs toutes les informations nécessaires pour évaluer les risques et les opportunités associés à un investissement. Les notations financières sont l'un des mécanismes clés qui contribuent à cette transparence.

1.4.4.1.2 Rôle de la Confiance :

La confiance des investisseurs est un pilier du fonctionnement des marchés financiers. Les notations financières renforcent la confiance en fournissant une évaluation impartiale de la qualité du crédit, réduisant ainsi l'incertitude et les asymétries d'information entre les émetteurs et les investisseurs.

1.4.4.2 Évaluation Indépendante de la Qualité du Crédit

1.4.4.2.1 Méthodologie de Notation :

Les agences de notation financière utilisent des méthodologies bien définies pour évaluer la qualité du crédit. Elles examinent divers facteurs, notamment la situation financière, la stabilité économique, la gestion des risques et d'autres indicateurs pertinents. Cette approche méthodique garantit une évaluation impartiale et cohérente.

1.4.4.2.2 Notations comme Baromètre :

Les notations financières sont largement reconnues comme des baromètres de la qualité du crédit. Une notation AAA, par exemple, est synonyme d'une solvabilité exceptionnelle, tandis qu'une notation plus basse indique un niveau de risque plus élevé.

Les notations financières aident les investisseurs à trier parmi les innombrables options d'investissement disponibles. Elles leur fournissent une base solide pour évaluer la qualité des émetteurs et des instruments financiers, ce qui facilite la sélection d'investissements appropriés à leurs objectifs.

En fournissant des notations indépendantes et fiables, les agences de notation réduisent l'asymétrie d'information entre les investisseurs et les émetteurs. Cela permet aux investisseurs d'agir en toute confiance, sachant qu'ils disposent d'une évaluation objective pour prendre des décisions éclairées.

Les notations financières sont bien plus qu'une simple cote de crédit. Elles constituent un élément fondamental de la transparence des marchés financiers. En fournissant une évaluation indépendante de la qualité du crédit, les notations renforcent la confiance des investisseurs et facilitent la prise de décision. Cependant, il est important de noter que les notations ne sont pas infaillibles, et leur utilisation doit être complétée par une analyse approfondie des facteurs spécifiques à chaque investissement. La prochaine section de cet ouvrage explorera les limites et les critiques des agences de notation financière, ainsi que les réformes qui ont été entreprises pour améliorer la qualité de leurs évaluations.

1.5 Objectifs et Portée de l'Ouvrage

Ce chapitre clarifie les objectifs et la portée de l'ouvrage. Il met en lumière les questions clés que nous allons explorer dans les chapitres à venir. Notre but principal est de fournir une compréhension approfondie du rôle des agences de notation financière, des critères de notation, des conséquences de ces notations pour les États, les entreprises et les collectivités locales, ainsi que de leur impact sur la confiance des investisseurs et des marchés financiers.

1.5.1 Comprendre les Critères de Notation

L'objectif de cette section est de plonger dans les critères de notation utilisés par les agences de notation financière. Nous allons explorer en détail comment les agences évaluent la solvabilité et les risques associés aux émetteurs et aux instruments financiers. Les points clés abordés dans cette section incluent :

L'évaluation du crédit par les agences de notation financière repose sur un processus complexe et rigoureux. Pour attribuer des notations, elles utilisent diverses méthodes et techniques, combinant l'analyse financière, l'évaluation des risques et d'autres paramètres pertinents. Explorons en détail ces méthodes et techniques :

1.5.1.1.1 Analyse Financière :

L'analyse financière est un pilier fondamental de l'évaluation du crédit. Les agences de notation examinent en profondeur les états financiers des émetteurs, tels que les entreprises ou les gouvernements. Voici quelques éléments clés de l'analyse financière :

- États financiers :

Les agences passent en revue les états financiers, y compris le bilan, le compte de résultat, le tableau des flux de trésorerie et les notes annexes. Ils examinent les chiffres clés tels que les revenus, les bénéfices, les actifs, les passifs, la trésorerie disponible, etc.

- Tendances financières :

L'analyse des tendances financières sur plusieurs années est essentielle. Les agences recherchent des signes de croissance, de stabilité ou de détérioration.

- Ratios financiers :

Les ratios financiers, tels que le ratio dette/capital, le ratio de liquidité, le ratio de couverture des intérêts, sont calculés pour évaluer la solidité financière.

1.5.1.1.2 Évaluation des Risques :

L'évaluation des risques est une autre composante majeure de la méthodologie de notation. Les agences se penchent sur divers aspects pour évaluer les risques, notamment :

- Risques de marché :

Elles évaluent comment les fluctuations des marchés financiers peuvent influencer la performance de l'émetteur. Cela inclut l'exposition aux taux d'intérêt, aux taux de change, aux fluctuations des prix des matières premières, etc.

- Risques opérationnels :

Elles considèrent les risques associés aux opérations commerciales de l'émetteur, tels que la gestion, les contrôles internes, la chaîne d'approvisionnement, etc.

- Risques de crédit :

Elles examinent les antécédents de paiement de l'émetteur et son historique en matière de remboursement de dettes.

- Risques géopolitiques et réglementaires :

Elles tiennent compte des risques liés à la stabilité politique, à la législation et à la réglementation.

1.5.1.1.3 Autres Paramètres Pertinents :

En plus de l'analyse financière et de l'évaluation des risques, les agences de notation prennent en considération d'autres paramètres pertinents, tels que :

- Comparaisons sectorielles :

Elles comparent souvent la performance de l'émetteur à celle de ses pairs du même secteur.

- Covenants contractuels :

Elles analysent les clauses et les conditions des contrats financiers, qui peuvent avoir un impact sur la capacité de l'émetteur à respecter ses obligations.

- Recherches qualitatives :

Elles effectuent des recherches qualitatives, comme des interviews avec la direction de l'émetteur, pour obtenir des informations supplémentaires.

- Événements exogènes :

Elles tiennent compte des événements économiques ou géopolitiques qui pourraient influencer l'émetteur.

L'ensemble de ces méthodes et techniques est intégré dans un processus d'évaluation qui aboutit à l'attribution d'une notation, généralement sous forme de lettres (par exemple, AAA, AA, A, etc.), indiquant le niveau de risque associé à l'émetteur ou à l'instrument financier évalué. Les agences de notation mettent un point d'honneur à maintenir leur objectivité et leur indépendance, et leurs méthodologies sont régulièrement révisées et mises à jour pour refléter l'évolution des marchés et des pratiques commerciales.

1.5.1.2 Notation des Dettes Souveraines :

L'évaluation de la solvabilité des États est une tâche complexe et délicate entreprise par les agences de notation financière. Les notations des dettes souveraines sont essentielles car elles influencent la confiance des investisseurs et déterminent les conditions auxquelles un État peut emprunter sur les marchés financiers internationaux. Pour évaluer la solvabilité d'un État, les agences de notation utilisent des critères spécifiques et examinent une gamme de facteurs essentiels :

1.5.1.2.1 Stabilité Économique :

Les agences évaluent la stabilité économique d'un État en analysant des indicateurs tels que la croissance économique, l'inflation, le chômage et les équilibres budgétaires. Un État doté d'une économie stable est plus susceptible de recevoir une notation élevée.

1.5.1.2.2 Politique Fiscale et Budgétaire :

Les politiques budgétaires et fiscales d'un État sont soigneusement examinées. Les agences évaluent les niveaux de dette publique, les déficits budgétaires et les perspectives de réduction de la dette. Un État avec une politique fiscale prudente et un faible endettement est susceptible de recevoir une meilleure notation.

1.5.1.2.3 Stabilité Politique :

La stabilité politique est un facteur clé. Les agences surveillent les risques liés aux élections, aux mouvements sociaux, aux conflits et à d'autres événements politiques. Les pays avec des institutions stables et une histoire de gouvernance cohérente obtiennent généralement de meilleures notations.

1.5.1.2.4 Capacité de Payer la Dette :

Les agences examinent la capacité d'un État à rembourser sa dette. Cela implique d'évaluer la capacité de l'État à générer des revenus fiscaux suffisants pour servir la dette sans difficulté. La capacité à lever des impôts et à gérer efficacement les recettes fiscales est donc un critère crucial.

1.5.1.2.5 Influence des Politiques Monétaires :

Les politiques monétaires, y compris la gestion de la devise nationale, ont également un impact sur les notations des dettes souveraines. Les agences considèrent les taux de change, les réserves de change et la capacité de l'État à maintenir la stabilité de sa devise.

1.5.1.2.6 Facteurs Géopolitiques :

Les événements géopolitiques, les relations internationales et les conflits régionaux sont pris en compte. Les tensions géopolitiques peuvent avoir un impact significatif sur la solvabilité d'un État.

1.5.1.2.7 Contexte Juridique et Réglementaire :

Les agences tiennent compte du cadre juridique et réglementaire en place, y compris les lois sur les faillites et la sécurité juridique. Un environnement juridique stable est un atout.

1.5.1.2.8 Accès aux Marchés Financiers :

L'historique de l'accès de l'État aux marchés financiers internationaux et sa capacité à émettre de la dette sont également des facteurs pris en considération.

Facteurs qui Influencent ces Notations :

Plusieurs facteurs peuvent influencer les notations des dettes souveraines, notamment :

- Les chocs économiques inattendus, tels que des crises financières ou des récessions.
- Les décisions de politique économique, telles que les mesures d'austérité ou les programmes de relance.
- Les changements politiques, comme les élections et les transitions de gouvernement.
- Les évolutions géopolitiques, telles que les conflits régionaux ou les tensions internationales.

En fin de compte, les notations des dettes souveraines sont une évaluation complexe qui tient compte d'une variété de facteurs économiques, politiques et sociaux. Une notation souveraine élevée est généralement associée à la confiance des investisseurs et à des coûts d'emprunt plus bas, tandis qu'une notation plus faible peut entraîner des coûts d'emprunt plus élevés et des défis pour les finances publiques de l'État.

1.5.1.3 Notation des Entreprises :

Dans le monde de la notation financière, les entreprises jouent un rôle essentiel en tant qu'émetteurs de divers instruments financiers tels que des actions, des obligations, et des prêts. Les agences de notation évaluent la crédibilité et la solvabilité des entreprises en utilisant une série de critères spécifiques. Cette section se concentrera sur les principaux critères de notation des entreprises, en mettant en lumière leur importance et leur impact sur les notations attribuées.

1.5.1.3.1 Santé Financière :

La santé financière d'une entreprise est un facteur de notation clé. Elle englobe une variété de mesures financières qui permettent aux agences de notation d'évaluer la stabilité de l'entreprise. Les principaux indicateurs incluent :

- Ratios de liquidité : Les agences analysent la capacité d'une entreprise à couvrir ses dettes à court terme en utilisant des ratios de liquidité tels que le ratio actuel et le quick ratio.

- Rentabilité : Les marges bénéficiaires, les retours sur investissement et la croissance des bénéfices sont examinés pour déterminer la rentabilité de l'entreprise.

- Endettement : Les niveaux d'endettement, y compris la dette à long terme par rapport au capital propre, sont évalués pour déterminer la capacité de l'entreprise à honorer ses obligations financières.

1.5.1.3.2 Structure de Capital :

La structure de capital d'une entreprise fait référence à la manière dont elle finance ses activités. Cela peut inclure l'utilisation de capitaux propres, d'emprunts, d'actions privilégiées, etc. Les agences de notation examinent comment l'entreprise utilise ces différentes sources de financement. Les critères liés à la structure de capital comprennent :

- Niveau d'endettement : Les agences évaluent si l'entreprise a un niveau d'endettement gérable et si elle peut faire face à ses obligations financières sans difficulté.

- Mix entre dette et capitaux propres : L'équilibre entre la dette et les capitaux propres est examiné pour déterminer le niveau de risque financier de l'entreprise.

- Coût du capital : Les coûts associés à la structure de capital de l'entreprise, y compris les taux d'intérêt sur la dette, sont pris en compte.

1.5.1.3.3 Perspectives de Croissance :

Les agences de notation analysent également les perspectives de croissance d'une entreprise. Cela inclut l'évaluation de sa capacité à générer des revenus et des bénéfices à l'avenir. Les critères liés aux perspectives de croissance comprennent :

- Marché et secteur : L'agence examine la stabilité et les perspectives du marché et du secteur dans lesquels l'entreprise opère.

- Innovation et compétitivité : La capacité de l'entreprise à innover et à rester compétitive sur le marché est évaluée.

- Historique de croissance : L'agence peut se pencher sur l'historique de croissance de l'entreprise pour déterminer si elle a démontré sa capacité à se développer.

En somme, la notation des entreprises repose sur une évaluation approfondie de leur santé financière, de leur structure de capital et de leurs perspectives de croissance. Les agences de notation utilisent ces critères pour attribuer des notations qui reflètent le risque associé à l'entreprise. Une notation élevée indique une faible probabilité de défaut, tandis qu'une notation plus basse signale un risque accru pour les investisseurs. Cela a un impact direct sur la capacité de l'entreprise à accéder au financement à des conditions favorables et à attirer des investisseurs.

1.5.1.4 Notation des Collectivités Locales :

L'évaluation des collectivités locales est un domaine spécifique de la notation financière, et les critères pertinents diffèrent de ceux appliqués aux entreprises ou aux gouvernements souverains. Les agences de notation utilisent un ensemble de facteurs spécifiques pour évaluer la solvabilité et le risque associés aux collectivités locales. Voici une discussion détaillée des critères pertinents pour ces entités :

1.5.1.4.1 Revenus et Dépenses Locaux :

Les revenus et les dépenses locaux jouent un rôle clé dans l'évaluation de la santé financière d'une collectivité locale. Les agences de notation examinent plusieurs aspects liés à ces facteurs :

- Revenus Fiscaux : Les revenus fiscaux locaux, tels que les impôts fonciers, les taxes locales et les redevances, constituent une source majeure de financement pour les collectivités locales. Les agences analysent la stabilité et la diversification de ces sources de revenus.

- Dépenses Opérationnelles : Les agences évaluent les dépenses courantes des collectivités locales, y compris les dépenses liées aux services publics, à l'éducation, aux infrastructures et aux services sociaux. Une gestion financière efficace et la capacité à maintenir un équilibre entre les revenus et les dépenses sont des facteurs positifs.

- Dépenses en Capital : Les investissements en capital pour les projets d'infrastructure et de développement sont également pris en compte. Les agences examinent la planification des dépenses en capital et leur impact sur la dette.

1.5.1.4.2 Gestion Financière :

La gestion financière solide est un élément clé de l'évaluation des collectivités locales. Les agences évaluent les pratiques de gestion financière, y compris :

- Budgets Équilibrés : Les collectivités locales qui maintiennent des budgets équilibrés ou excédentaires sont mieux notées. Un budget équilibré signifie que les revenus couvrent les dépenses courantes et la dette, sans recourir à l'endettement excessif.

- Gestion de la Dette : Les niveaux d'endettement par rapport aux revenus et à la capacité de remboursement sont examinés. Une gestion prudente de la dette est un indicateur positif.

- Transparence Financière : Les agences s'intéressent également à la transparence et à la qualité des rapports financiers des collectivités locales.

1.5.1.4.3 Économie Régionale :

L'économie régionale a un impact significatif sur la solvabilité des collectivités locales. Les agences de notation évaluent la vigueur économique de la région où se situe la collectivité, y compris :

- Diversification Économique : Une économie régionale diversifiée est considérée comme moins risquée. Les collectivités dépendantes d'une seule industrie peuvent être plus vulnérables.

- Tendances Démographiques : Les agences examinent les tendances démographiques, y compris la croissance de la population et la répartition par âge, car elles influencent la demande de services publics.

- Tendance Économique : Les indicateurs de croissance économique, de chômage et de stabilité économique régionale sont évalués.

En somme, les agences de notation financière prennent en compte une gamme de critères spécifiques pour évaluer les collectivités locales. Ces critères englobent les revenus et les dépenses locaux, la gestion financière et l'état de l'économie régionale. Une notation élevée pour une collectivité locale peut favoriser l'accès aux marchés financiers et lui permettre de financer des projets d'infrastructure et de développement à des conditions plus avantageuses.

1.5.2 Analyser les Implications des Notations

Cette section explorera les implications des notations attribuées par les agences de notation pour différents types d'émetteurs, à savoir les États, les entreprises et les collectivités locales. Les points clés de cette section incluent :

1.5.2.1 Rôle des Notations pour les États :

L'impact des notations attribuées par les agences de notation sur les États est un sujet d'une importance cruciale dans le monde de la finance et de l'économie. Les notations souveraines ont un impact significatif sur la capacité des États à gérer leurs finances, à accéder aux marchés financiers mondiaux et à prendre des décisions de politique budgétaire. Voici une analyse plus approfondie de ces aspects :

1.5.2.1.1 Accès aux Marchés Financiers :

Les notations souveraines jouent un rôle clé dans la capacité des États à accéder aux marchés financiers mondiaux. Un État noté AAA ou AA est généralement considéré comme peu risqué, ce qui attire les investisseurs internationaux à acheter ses obligations souveraines. Les investisseurs ont confiance en ces notations pour évaluer le risque de crédit d'un État, ce qui facilite la levée de capitaux sur les marchés internationaux. En revanche, un État noté B ou CCC peut avoir du mal à attirer des investisseurs, ce qui peut entraîner des difficultés d'accès au financement.

1.5.2.1.2 Coûts d'Emprunt :

Les coûts d'emprunt des États sont directement liés à leurs notations. Un État bien noté bénéficie de taux d'intérêt plus bas sur ses emprunts, ce qui lui permet d'emprunter à des conditions plus favorables. Ces taux d'intérêt plus bas ont un impact direct sur le budget de l'État, réduisant les charges d'intérêt et permettant d'allouer davantage de ressources à d'autres domaines prioritaires, tels que l'éducation, la santé ou l'infrastructure. En revanche, un État mal noté doit payer des taux d'intérêt plus élevés, ce qui augmente sa charge de la dette et peut limiter sa capacité à financer des projets publics importants.

1.5.2.1.3 Décisions de Politique Budgétaire :

Les notations influencent également les décisions de politique budgétaire des États. Un État noté favorablement est en meilleure position pour maintenir une politique budgétaire prudente, car il peut emprunter à des taux plus bas. Cela encourage la discipline budgétaire, car une notation élevée est une incitation à éviter des niveaux excessifs de dette. En revanche, un État mal noté peut être confronté à des pressions budgétaires plus importantes, car des taux d'intérêt plus élevés augmentent les coûts de la dette. Cela peut influencer les décisions budgétaires, y compris les impôts, les dépenses publiques et l'austérité.

1.5.2.1.4 Réactions aux Notations :

Les États réagissent aux notations en cherchant à maintenir ou à améliorer leur notation. Cela peut inclure des réformes économiques, des mesures fiscales et des efforts visant à renforcer leur stabilité financière. Les réformes destinées à améliorer la situation financière d'un État peuvent être motivées par le désir de maintenir des notations élevées et de réduire les coûts d'emprunt.

En somme, les notations souveraines ont un impact significatif sur l'accès aux marchés financiers, les coûts d'emprunt et les décisions de politique budgétaire des États. Elles jouent un rôle essentiel dans la gestion des finances publiques, la stabilité économique et la capacité des États à financer leurs besoins. Comprendre ces mécanismes est essentiel pour évaluer l'importance des notations financières dans le contexte des gouvernements nationaux.

1.5.2.2 Rôle des Notations pour les Entreprises :

La manière dont les notations financières affectent les entreprises est un aspect essentiel du rôle des agences de notation dans le monde financier. Les notations jouent un rôle déterminant dans plusieurs aspects clés de la gestion des entreprises, notamment l'accès au financement, les relations avec les investisseurs et la gestion du risque. Explorons ces aspects en détail :

1.5.2.2.1 Accès au Financement :

Les notations financières ont un impact significatif sur la capacité des entreprises à accéder au financement sur les marchés de capitaux. Les entreprises notées AA ou AAA ont généralement un accès aisé aux investisseurs, ce qui signifie qu'elles peuvent émettre des obligations ou des actions à des taux d'intérêt favorables. Cela leur permet de lever des fonds pour financer la croissance, les investissements, et d'autres besoins en capitaux à des coûts relativement bas.

En revanche, pour les entreprises notées B ou CCC, l'accès au financement peut être limité, et elles sont susceptibles de devoir offrir des taux d'intérêt plus élevés pour attirer des investisseurs. Ces coûts d'emprunt plus élevés peuvent rendre le financement plus onéreux et affecter négativement la rentabilité de l'entreprise.

1.5.2.2.2 Relations avec les Investisseurs :

Les notations financières influencent également les relations des entreprises avec les investisseurs. Les investisseurs institutionnels tels que les fonds de pension, les fonds d'investissement et les compagnies d'assurance se réfèrent fréquemment aux notations pour évaluer la qualité des émetteurs et des titres financiers. Les entreprises bien notées peuvent attirer davantage d'investisseurs institutionnels, ce qui peut accroître la demande pour leurs actions ou obligations, soutenant ainsi leurs prix.

En outre, les notations influencent les discussions entre les entreprises et les investisseurs lors des négociations d'émissions de nouvelles obligations ou actions. Les entreprises bien notées ont une position de négociation plus favorable et peuvent obtenir des conditions plus avantageuses lors de la levée de fonds.

1.5.2.2.3 Gestion du Risque :

La gestion du risque est un aspect critique de la gestion d'entreprise. Les notations financières aident les entreprises à évaluer et à gérer les risques associés à leur dette et à d'autres obligations financières. Une notation basse peut signaler une plus grande probabilité de défaut, incitant ainsi les entreprises à mettre en place des stratégies de gestion du risque, telles que l'utilisation d'instruments dérivés pour se couvrir contre les variations des taux d'intérêt ou des devises.

En outre, les notations influencent les décisions de diversification de la dette. Les entreprises notées de manière favorable peuvent diversifier leurs sources de financement en émettant des titres de différentes maturités et devises, ce qui réduit leur dépendance à un type de financement unique.

En conclusion, les notations financières ont un impact substantiel sur la manière dont les entreprises gèrent leur accès au financement, établissent des relations avec les investisseurs et gèrent les risques financiers. Les notations sont un outil essentiel qui influence les décisions stratégiques des entreprises en matière de levée de fonds, de structuration de la dette et de gestion des relations avec les investisseurs. Les entreprises cherchent souvent à maintenir ou à améliorer leurs notations pour bénéficier d'un accès au financement à moindre coût et d'une plus grande confiance des investisseurs.

L'impact des notations attribuées par les agences de notation financière sur les collectivités locales est un aspect essentiel de la gestion des finances publiques. Les collectivités locales, qu'elles soient des villes, des comtés, ou des régions, dépendent souvent du financement de projets publics pour soutenir leur développement économique et social. Les notations attribuées à ces collectivités ont un effet direct sur leur capacité à emprunter, à attirer des investissements et à gérer leurs finances de manière efficace. Voici comment les notations influencent ces aspects :

1.5.2.3.1 Impact sur le Financement de Projets Publics :

Les collectivités locales ont besoin de financement pour entreprendre divers projets publics, tels que la construction d'infrastructures, les programmes éducatifs, les services de santé, etc. Elles empruntent généralement sur les marchés financiers en émettant des obligations municipales. Les notations attribuées à ces collectivités influencent directement leur capacité à lever des fonds à des taux d'intérêt abordables.

- Notations élevées : Les collectivités locales notées AA ou AAA sont perçues comme présentant un risque de crédit plus faible. Par conséquent, elles peuvent émettre des obligations à des taux d'intérêt plus bas, ce qui réduit leurs coûts de financement et les avantages fiscaux pour les investisseurs locaux.

- Notations basses : En revanche, les collectivités locales notées B ou CCC sont perçues comme plus risquées. Elles peuvent rencontrer des difficultés à lever des fonds sur les marchés financiers ou être contraintes de le faire à des taux d'intérêt plus élevés, ce qui alourdit leur charge financière.

1.5.2.3.2 Capacité à Attirer des Investissements :

La notation d'une collectivité locale joue un rôle majeur dans sa capacité à attirer des investissements. Les investisseurs, notamment les investisseurs institutionnels et les fonds de pension, recherchent des opportunités d'investissement stables et sûres. Une notation élevée renforce la confiance des investisseurs et peut inciter davantage d'investissements locaux et étrangers dans la région.

- Investissements dans l'infrastructure : Une notation élevée facilite l'obtention de financements pour des projets d'infrastructure, ce qui contribue au développement économique local.

- Investissements dans les obligations municipales : Les notations élevées rendent les obligations municipales plus attrayantes pour les investisseurs, ce qui élargit la base d'acheteurs potentiels.

1.5.2.3.3 Effets sur les Taux d'Imposition Locaux :

Les notations des collectivités locales peuvent également avoir des conséquences sur les taux d'imposition locaux. Une notation plus élevée peut signifier une capacité accrue d'emprunter à des taux d'intérêt plus bas, ce qui peut réduire la pression fiscale sur les contribuables locaux.

- Réduction des coûts de financement : Des taux d'intérêt plus bas peuvent aider à réduire les coûts de remboursement de la dette, ce qui peut se traduire par des besoins fiscaux moins élevés.

- Gestion des finances publiques : Les collectivités locales notées favorablement peuvent être en mesure de gérer plus efficacement leurs finances tout en maintenant ou en réduisant les taux d'imposition.

En résumé, les notations attribuées aux collectivités locales ont un impact significatif sur leur capacité à financer des projets publics, à attirer des investissements et à gérer les taux d'imposition locaux. Une notation élevée facilite l'accès au financement à des conditions avantageuses, encourage les investissements et peut contribuer à une gestion fiscale plus efficace. À l'inverse, des notations plus basses peuvent entraîner des coûts de financement plus élevés et des défis budgétaires pour les collectivités locales.

1.5.3 Examiner l'Impact sur la Confiance des Investisseurs et des Marchés Financiers

Enfin, cette section se concentrera sur l'impact des notations sur la confiance des investisseurs et des marchés financiers. Les sujets abordés comprennent :

1.5.3.1 Influence sur les Décisions des Investisseurs :

L'examen de la manière dont les investisseurs utilisent les notations pour évaluer la qualité des investissements et la confiance qu'ils accordent à ces évaluations est essentiel pour comprendre l'impact des agences de notation financière sur les marchés financiers et les décisions d'investissement. Voici une exploration approfondie de ce processus :

1.5.3.1.1 Évaluation de la Qualité des Investissements :

Les notations financières servent d'indicateurs clés pour les investisseurs qui cherchent à évaluer la qualité des investissements potentiels. Voici comment les investisseurs utilisent ces notations pour cette évaluation :

- Sélection d'Investissements : Les investisseurs utilisent les notations pour filtrer les investissements potentiels. Par exemple, un investisseur qui recherche des investissements à faible risque peut se concentrer sur les émetteurs notés AA ou AAA.

- Évaluation de la Rendement-Risque : Les notations aident les investisseurs à évaluer le compromis entre le rendement attendu et le risque. Les investisseurs comparent le rendement potentiel d'un investissement à son niveau de risque, tel qu'indiqué par les notations.

- Diversification du Portefeuille : Les investisseurs utilisent les notations pour diversifier leur portefeuille. Ils cherchent à inclure des actifs ayant différentes notations pour réduire le risque global de leur portefeuille.

La confiance des investisseurs dans les notations est un élément crucial de ce processus d'évaluation. Voici comment les investisseurs évaluent et accordent leur confiance aux notations :

- Crédibilité des Agences de Notation : Les investisseurs évaluent la réputation et la crédibilité des agences de notation elles-mêmes. Les agences ayant une longue histoire de fourniture de notations précises et objectives sont plus susceptibles d'obtenir la confiance des investisseurs.

- Transparence des Méthodologies : Les investisseurs recherchent des agences qui publient des méthodologies claires et transparentes pour leurs notations. La transparence renforce la confiance en montrant comment les notations sont attribuées.

- Indépendance et Absence de Conflits d'Intérêts : Les investisseurs préfèrent les agences de notation qui sont perçues comme indépendantes et exemptes de conflits d'intérêts. Les agences qui reçoivent des paiements des émetteurs qu'elles notent peuvent être considérées avec suspicion.

- Analyse Complémentaire : Les investisseurs ne se fient pas exclusivement aux notations. Ils réalisent souvent leur propre analyse pour valider les évaluations des agences. Cette approche renforce leur confiance dans leurs décisions d'investissement.

La confiance accordée aux notations joue un rôle majeur dans la prise de décision des investisseurs. Voici comment cela se traduit dans leurs choix d'investissement :

- Prise de Décision : Les investisseurs utilisent les notations comme l'un des facteurs clés pour prendre des décisions d'investissement. Une notation élevée peut encourager l'investissement, tandis qu'une notation basse peut dissuader.

- Allocation de Capitaux : Les notations influencent l'allocation de capitaux au sein des portefeuilles. Les investisseurs sont plus susceptibles d'allouer une part plus importante de leur capital à des actifs bien notés.

- Diversification : La confiance dans les notations facilite la diversification du portefeuille en permettant aux investisseurs de choisir des investissements dans différentes catégories de notation en fonction de leurs objectifs de risque.

En somme, les investisseurs utilisent activement les notations financières pour évaluer la qualité des investissements et prennent des décisions d'investissement en fonction de ces évaluations. La confiance qu'ils accordent aux notations est un élément déterminant dans ce processus, influençant leur comportement et leurs choix d'investissement sur les marchés financiers. Cette confiance repose sur la crédibilité des agences de notation, la transparence de leurs méthodologies et la pertinence des notations dans leurs décisions d'investissement.

1.5.4 Crises Financières et Réformes :

L'examen d'exemples de crises financières liées aux notations et des réformes réglementaires qui en ont résulté est essentiel pour comprendre l'impact significatif des agences de notation financière sur la stabilité des marchés financiers et l'économie en général. Voici une exploration plus approfondie de ce sujet :

Exemples de Crises Financières Liées aux Notations :

1. La Crise des Subprimes (2008) : L'un des exemples les plus notoires de crise financière liée aux notations est la crise des subprimes. Les agences de notation ont joué un rôle central en attribuant des notations élevées à des titres adossés à des prêts hypothécaires à risque, qui se sont avérés être de mauvaise qualité. Les investisseurs ont fait confiance à ces notations et ont investi massivement dans ces produits structurés. Lorsque la bulle immobilière a éclaté et que de nombreux emprunteurs ont fait défaut, la valeur de ces titres s'est effondrée, provoquant une crise financière mondiale.

2. La Crise de la Zone Euro (2010-2012) : La crise de la dette souveraine dans la zone euro a été amplifiée par les notations. Les agences ont abaissé les notations de plusieurs pays de la zone euro, ce qui a entraîné des coûts d'emprunt plus élevés et des problèmes budgétaires. Les révisions à la baisse des notations ont contribué à l'instabilité financière et politique dans la région.

Réformes Réglementaires pour Atténuer les Risques :

Ces crises financières ont mis en évidence la nécessité de réformes réglementaires pour réduire les risques liés aux agences de notation financière. Les réformes ont principalement visé à accroître la transparence, à améliorer la qualité des notations, et à réduire les conflits d'intérêts potentiels. Voici quelques-unes des réformes les plus importantes :

1. Dodd-Frank Wall Street Reform and Consumer Protection Act (2010) : Cette loi a été adoptée aux États-Unis en réponse à la crise financière de 2008. Elle a introduit des dispositions visant à réglementer les agences de notation et à renforcer la surveillance réglementaire. Elle exige également que les émetteurs divulguent plus d'informations sur leurs notations.

2. Règlement (UE) sur les agences de notation de crédit (2009) : L'Union européenne a adopté un règlement qui a instauré un cadre réglementaire pour les agences de notation opérant en Europe. Il comprenait des dispositions pour réduire les conflits d'intérêts, améliorer la qualité des notations, et renforcer la surveillance.

3. Comité de Bâle sur le contrôle bancaire : Les régulateurs bancaires internationaux, réunis au sein du Comité de Bâle, ont émis des recommandations sur la manière dont les banques

devraient gérer les notations dans leurs exigences en matière de capital. Cela a contribué à réduire la dépendance des banques vis-à-vis des notations pour évaluer les risques.

4. Améliorations de la Gouvernance d'Entreprise : Les agences de notation elles-mêmes ont renforcé leurs procédures de gouvernance d'entreprise pour minimiser les conflits d'intérêts. Elles ont amélioré la divulgation des méthodologies de notation et mis en place des comités d'examen indépendants.

En résumé, les exemples de crises financières liées aux notations ont conduit à des réformes réglementaires significatives visant à atténuer les risques associés aux agences de notation financière. Ces réformes ont cherché à renforcer la transparence, à améliorer la qualité des notations, et à réduire les conflits d'intérêts potentiels, dans le but de rendre les marchés financiers plus résilients face aux risques liés aux notations.

Ce chapitre jette les bases pour les sections à venir de l'ouvrage, qui exploreront ces sujets en détail. Notre objectif est de fournir une compréhension approfondie de l'importance des notations financières dans l'économie mondiale et de leur impact sur les acteurs clés des marchés financiers.

2. Les Agences de Notation Financière

2.1 Principales Agences de Notation

Les agences de notation financière jouent un rôle essentiel et incontournable dans l'évaluation de la solvabilité des émetteurs et des instruments financiers. Parmi les nombreuses agences de notation présentes dans le monde, quelques-unes se distinguent par leur envergure internationale et leur influence significative sur les marchés financiers mondiaux. Dans cette section, nous explorerons en détail les principales agences de notation et mettrons en lumière leurs contributions essentielles à l'industrie de la notation financière, qui revêtent une importance capitale pour l'économie mondiale.

2.1.1 Standard & Poor's (S&P)

2.1.1.1 Histoire et Importance :

Standard & Poor's, communément abrégée en S&P, occupe une place de distinction parmi les agences de notation financière à l'échelle mondiale. Fondée en 1860, S&P a joué un rôle prépondérant dans le développement de l'industrie des notations financières. Elle est universellement reconnue pour son expertise dans l'évaluation des dettes souveraines, des entreprises, et des instruments financiers structurés. Les notations de S&P, dont le fameux « AAA », exercent une influence immédiate sur les taux d'intérêt, les décisions d'investissement, et les stratégies de gestion de portefeuille à travers le monde. Sa réputation solidement établie en fait une référence incontournable pour les acteurs des marchés financiers, jouant un rôle central dans la formation de la confiance des investisseurs et dans la prise de décisions financières cruciales.

2.1.1.2 Méthodologie de Notation :

S&P, abréviation de Standard & Poor's, est réputée pour son utilisation d'une méthodologie rigoureuse dans l'évaluation du crédit. Cette méthodologie est caractérisée par sa prise en compte exhaustive de divers critères, à savoir des critères financiers, économiques et sectoriels, ainsi que des facteurs macroéconomiques et politiques. Les notations de S&P, résultant de cette approche multidimensionnelle, sont largement reconnues et adoptées comme des références de premier plan pour mesurer le risque de crédit à l'échelle mondiale. Cette reconnaissance provient de la fiabilité et de la crédibilité que les notations de S&P ont acquises au fil des décennies, renforçant ainsi leur rôle essentiel dans la prise de décision dans le domaine financier. Les investisseurs, les émetteurs, et les régulateurs comptent sur ces notations pour évaluer les risques et prendre des décisions éclairées, contribuant ainsi à la stabilité et à la confiance des marchés financiers.

2.1.2 Moody's

2.1.2.1 Histoire et Importance :

Moody's, établie en 1909, est une agence de notation financière de renom dont la réputation repose sur son expertise dans l'évaluation de la solvabilité des émetteurs et des instruments financiers. Elle est particulièrement reconnue pour ses notations des dettes souveraines, des entreprises, et des titres adossés à des créances hypothécaires. Les notations de Moody's exercent une influence considérable sur les marchés financiers, jouant un rôle central dans l'aide aux investisseurs pour évaluer les risques associés à différents investissements et prendre des décisions éclairées.

2.1.2.2 Méthodologie de Notation :

Moody's est réputée pour sa méthodologie sophistiquée, qui repose sur une combinaison de critères financiers rigoureux, d'analyses sectorielles approfondies et d'évaluations de risque minutieuses. Cette approche complexe permet à Moody's de fournir des notations financières précises et fiables. En conséquence, les notations de Moody's sont fréquemment citées comme un indicateur essentiel de la qualité du crédit, jouant un rôle central dans l'évaluation de la solvabilité des émetteurs et des instruments financiers à travers le monde. Les investisseurs, les institutions financières et les émetteurs accordent une grande importance aux notations de Moody's en tant que référence pour évaluer le risque de crédit et prendre des décisions d'investissement éclairées. Cette confiance dans la méthodologie et l'expertise de Moody's souligne son influence significative dans le monde de la notation financière.

2.1.3 Fitch Ratings

2.1.3.1 Histoire et Importance :

Fitch Ratings est une agence de notation financière de renommée mondiale, ayant été fondée en 1913. Elle est largement reconnue pour son expertise dans l'évaluation des risques de crédit et ses notations couvrant une vaste gamme d'émetteurs et d'instruments financiers, ce qui inclut les dettes souveraines, les entreprises, les institutions financières, et les titres adossés à des créances. Fitch Ratings joue un rôle crucial dans la sphère financière en offrant une analyse approfondie des marchés mondiaux, permettant aux investisseurs et aux émetteurs de mieux évaluer la qualité du crédit et les risques associés à leurs décisions d'investissement.

2.1.3.2 Méthodologie de Notation :

Fitch Ratings emploie une méthodologie extrêmement rigoureuse, combinant une analyse approfondie de la qualité du crédit, une modélisation financière sophistiquée et une évaluation minutieuse des risques. Cette approche complète garantit que les notations de Fitch sont parmi les plus respectées et les plus largement utilisées par de nombreux investisseurs et prêteurs pour évaluer la fiabilité des émetteurs. La réputation d'excellence de Fitch repose sur sa capacité à fournir des évaluations crédibles et précises qui contribuent de manière significative à l'évaluation des risques de crédit sur les marchés financiers mondiaux.

2.1.4 Autres Agences Régionales

En plus des agences de notation majeures, telles que Standard & Poor's, Moody's et Fitch Ratings, il existe un éventail d'agences de notation régionales qui remplissent un rôle crucial dans l'évaluation du crédit à l'échelle nationale ou régionale. Ces agences, bien que moins connues à l'échelle internationale, jouent un rôle vital en fournissant des notations pour une variété d'émetteurs, notamment des entreprises, des collectivités locales, des émetteurs souverains et d'autres instruments financiers. Voici un aperçu de ces agences régionales et de leur contribution au paysage de la notation financière.

2.1.4.1 A.M. Best :

A.M. Best est l'une des agences de notation les plus renommées et anciennes, spécialisée dans l'évaluation des assureurs et des entreprises du secteur de l'assurance. Fondée en 1899, A.M. Best fournit des notations qui aident les investisseurs et les consommateurs à évaluer la solidité financière des compagnies d'assurance, ainsi que leur capacité à honorer leurs obligations en cas de sinistre. Étant donné l'importance du secteur de l'assurance pour la protection des consommateurs et la stabilité financière, les notations d'A.M. Best sont cruciales pour le secteur.

2.1.4.2 Japan Credit Rating Agency (JCR) :

L'agence japonaise Japan Credit Rating Agency (JCR) est bien connue pour ses notations en ce qui concerne les entreprises, les municipalités et les émetteurs souverains au Japon. En tant qu'acteur local majeur, JCR a une connaissance approfondie du marché japonais et fournit des notations spécifiques à la région, reflétant les conditions économiques et réglementaires particulières du pays. Les notations de JCR sont utilisées par les investisseurs nationaux et internationaux pour évaluer le risque lié aux investissements au Japon.

2.1.4.3 D'autres Agences Régionales :

En plus d'A.M. Best et de JCR, de nombreuses autres agences de notation régionales opèrent à travers le monde. Elles se spécialisent dans des marchés ou des secteurs particuliers et apportent une expertise locale précieuse. Ces agences fournissent des notations pour des marchés émergents, des régions géographiques spécifiques ou des secteurs industriels particuliers. Par exemple, des agences comme China Chengxin International Credit Rating, ICRA en Inde, ou DBRS Morningstar au Canada jouent des rôles essentiels dans leurs régions respectives.

2.1.4.4 Importance des Agences de Notation Régionales :

Les agences de notation régionales sont importantes car elles fournissent des évaluations précises et adaptées aux spécificités de leurs marchés respectifs. Leur connaissance approfondie de la réglementation, de l'économie locale, et des facteurs culturels leur permet de produire des notations qui sont particulièrement utiles pour les investisseurs et les émetteurs de leur région. Ces agences complètent le travail des agences internationales en apportant une perspective locale et une compréhension fine des dynamiques régionales, ce qui est essentiel pour l'évaluation du crédit et la gestion des risques à l'échelle nationale ou régionale.

En somme, les agences de notation régionales jouent un rôle crucial dans l'évaluation du crédit à l'échelle locale, contribuant ainsi à une meilleure compréhension des risques et à une prise de décision plus éclairée pour les investisseurs et les émetteurs au niveau national ou régional.

2.1.5 Conclusion

Cette section met en lumière les principales agences de notation financière et leur importance dans le monde de la finance. Leurs notations sont utilisées comme indicateurs clés pour évaluer le risque de crédit et influencent les décisions d'investissement, les taux d'intérêt et la stabilité financière à l'échelle mondiale. Elles sont également soumises à une surveillance réglementaire afin de garantir leur intégrité et leur transparence.

2.2 Méthodologie de Notation et Notation des Dettes Souveraines, Corporatives et Municipales

Ce chapitre approfondira la méthodologie de notation employée par les agences de notation financière pour évaluer différents types d'émetteurs, notamment les dettes souveraines, corporatives et municipales. La notation joue un rôle central dans le processus de gestion des risques et d'aide à la prise de décision pour les investisseurs, les prêteurs et les émetteurs. Comprendre comment les agences attribuent des notations et les critères spécifiques pour chaque catégorie est essentiel pour évaluer la qualité du crédit et anticiper les risques.

2.2.1 Méthodologie de Notation

2.2.1.1 Évaluation du Crédit :

La méthodologie de notation est un processus complexe qui repose sur une évaluation minutieuse de la capacité d'un émetteur à honorer ses obligations financières, qu'il s'agisse de rembourser des dettes ou de verser des intérêts à temps. Les agences de notation utilisent une variété de critères pour évaluer cette capacité. Voici un examen plus approfondi des principaux critères couramment utilisés dans la méthodologie de notation :

2.2.1.1.1 Analyse Financière :

L'analyse financière est au cœur du processus de notation. Les agences examinent les états financiers de l'émetteur, y compris son bilan, son compte de résultat et ses flux de trésorerie. Ils évaluent la stabilité et la performance financière de l'entreprise ou de l'entité émettrice. Les ratios financiers tels que le ratio d'endettement, la rentabilité, la liquidité et la couverture des intérêts sont des éléments clés de cette analyse.

2.2.1.1.2 Antécédents de Paiement :

Les agences de notation examinent les antécédents de paiement de l'émetteur. Cela inclut la capacité de l'entreprise à respecter les échéances de ses dettes antérieures et à honorer ses obligations contractuelles. Les antécédents de paiement sont un indicateur crucial de la fiabilité de l'émetteur.

2.2.1.1.3 Solidité de la Gouvernance d'Entreprise :

La qualité de la gouvernance d'entreprise est un facteur de notation important. Les agences évaluent la structure de propriété, les pratiques de gestion, la transparence et la capacité de l'émetteur à prendre des décisions efficaces en matière de gestion financière. Une gouvernance solide peut renforcer la confiance des investisseurs.

2.2.1.1.4 Environnement Économique :

L'environnement économique dans lequel opère l'émetteur est pris en compte. Les agences examinent les conditions macroéconomiques et sectorielles qui pourraient influencer la capacité de l'émetteur à honorer ses obligations. Les facteurs économiques tels que la croissance économique, l'inflation et la stabilité politique sont examinés de près.

2.2.1.1.5 Facteurs Sectoriels :

Les agences tiennent compte des caractéristiques spécifiques au secteur de l'émetteur. Par exemple, les critères de notation pour une entreprise du secteur de la technologie peuvent différer de ceux d'une entreprise du secteur de l'énergie. Les agences examinent les tendances sectorielles, la concurrence, les cycles économiques et d'autres éléments qui peuvent influencer le risque de crédit.

2.2.1.1.6 Analyse Qualitative :

Outre les données financières, les agences de notation effectuent une analyse qualitative. Cela peut inclure des interviews avec la direction de l'entreprise, des évaluations de la stratégie d'entreprise, des évaluations des facteurs ESG (environnementaux, sociaux et de gouvernance) et des facteurs de risque spécifiques à l'entreprise.

Les notations ne sont pas statiques. Les agences de notation effectuent une surveillance continue des émetteurs notés pour tenir compte des évolutions financières, économiques et sectorielles. Les mises à jour des notations sont fréquentes pour refléter la dynamique changeante du risque de crédit.

En résumé, la méthodologie de notation repose sur une évaluation exhaustive qui prend en compte à la fois des données financières et des éléments qualitatifs. Les agences de notation utilisent une variété de critères pour évaluer la solvabilité d'un émetteur, ce qui aide les investisseurs, les prêteurs et les émetteurs à évaluer le risque de crédit et à prendre des décisions éclairées en matière d'investissement et de gestion financière. Une notation de crédit précise est essentielle pour garantir la confiance des investisseurs et la stabilité des marchés financiers.

2.2.1.2 Modèles et Analyse de Notation :

Les agences de notation financière s'appuient sur des modèles statistiques sophistiqués et des outils d'analyse avancés pour évaluer les risques de crédit. Ces modèles et outils sont conçus pour produire des notations précises et objectives en prenant en compte une multitude de facteurs essentiels. Voici une exploration plus approfondie de la méthodologie de notation basée sur des modèles et des analyses :

2.2.1.2.1 Modèles de Notation :

Les agences de notation développent des modèles de notation spécifiques pour évaluer différents types d'émetteurs, tels que les États, les entreprises et les collectivités locales. Ces modèles sont basés sur des données historiques, des variables financières, des ratios de crédit et des informations sur la performance passée. Les agences de notation investissent des ressources considérables pour concevoir et calibrer ces modèles.

2.2.1.2.2 Variables Financières :

Les modèles de notation tiennent compte d'un large éventail de variables financières, notamment la liquidité, l'endettement, la rentabilité, la couverture des intérêts, la capacité de remboursement de la dette, le niveau d'endettement net, et bien d'autres. Ces variables fournissent des informations cruciales sur la santé financière de l'émetteur.

2.2.1.2.3 Conditions Macroéconomiques :

Les agences de notation intègrent également des données macroéconomiques dans leurs modèles. Cela inclut des facteurs tels que la croissance économique, l'inflation, le taux de chômage, le taux de change, les taux d'intérêt et d'autres indicateurs clés. Les conditions économiques globales ont un impact direct sur la capacité d'un émetteur à honorer sa dette.

2.2.1.2.4 Tendances Sectorielles :

Les agences de notation examinent les tendances sectorielles pour évaluer la position d'une entreprise ou d'une collectivité locale par rapport à ses pairs. Par exemple, dans le secteur de l'énergie, les agences évaluent la performance d'une entreprise pétrolière ou gazière en fonction des évolutions du prix du pétrole, des investissements dans les infrastructures, et de la demande mondiale.

2.2.1.2.5 Analyse des Risques Spécifiques :

Les modèles de notation prennent également en compte les risques spécifiques à l'entité évaluée. Il s'agit notamment des risques de marché, de crédit, de liquidité, de réglementation, géopolitiques, environnementaux, et bien d'autres. Les agences évaluent comment ces risques affectent la capacité de l'émetteur à honorer sa dette.

2.2.1.2.6 Pondération des Facteurs :

Les modèles attribuent des pondérations aux différents facteurs en fonction de leur importance pour l'évaluation du crédit. Par exemple, les ratios financiers tels que la dette nette par rapport à l'EBITDA peuvent avoir une pondération plus élevée que d'autres variables. Les agences déterminent ces pondérations en fonction de leur expérience et de l'importance relative des facteurs.

2.2.1.2.7 Analyse Qualitative :

En plus des données quantitatives, les analystes des agences de notation effectuent une analyse qualitative approfondie. Cela inclut des entretiens avec la direction de l'entreprise, des évaluations de la gouvernance d'entreprise, des évaluations des perspectives de croissance, et des considérations stratégiques.

2.2.1.2.8 Surveillance Continue :

Les modèles de notation ne sont pas figés dans le temps. Les agences de notation effectuent une surveillance continue pour tenir compte des évolutions financières, économiques, sectorielles et autres changements qui pourraient influencer la solvabilité de l'émetteur. Les mises à jour des notations sont fréquentes pour refléter ces changements.

En conclusion, les agences de notation financière utilisent une méthodologie de notation robuste qui repose sur des modèles statistiques et une analyse approfondie. Ces modèles prennent en compte un large éventail de facteurs, allant des ratios financiers aux conditions macroéconomiques et aux tendances sectorielles, pour évaluer le risque de crédit des émetteurs. Cette approche rigoureuse vise à fournir des notations précises et objectives pour aider les investisseurs et les prêteurs à prendre des décisions éclairées.

2.2.1.3 Surveillance Continue et Mises à Jour des Notations

La surveillance continue des émetteurs notés est un élément crucial de la méthodologie de notation utilisée par les agences de notation financière. Les notations ne sont pas des évaluations statiques, mais plutôt des indicateurs dynamiques de la qualité du crédit. Cette surveillance continue vise à refléter les évolutions financières, économiques et sectorielles qui peuvent avoir un impact sur le risque de crédit. Voici comment fonctionne ce processus :

- Suivi Régulier : Les agences de notation surveillent régulièrement les émetteurs notés, qu'il s'agisse de gouvernements, d'entreprises ou de collectivités locales. Cette surveillance comprend l'analyse des rapports financiers périodiques, des données économiques, et d'autres informations pertinentes.

- Actualisation des Modèles : Les agences utilisent des modèles statistiques et d'analyse pour évaluer le risque de crédit. Ces modèles sont périodiquement mis à jour pour prendre en compte de nouvelles données et des évolutions de l'environnement économique et financier.

- Notations Révisées : Si la situation financière d'un émetteur change de manière significative, les agences peuvent réviser sa notation. Par exemple, si une entreprise voit ses revenus diminuer ou si un État connaît des problèmes budgétaires, cela peut entraîner une révision à la baisse de leur notation.

- Annonces Officielles : Les agences de notation publient des annonces officielles lorsqu'elles mettent à jour les notations. Ces annonces incluent généralement des explications sur les raisons de la mise à jour, ce qui permet aux investisseurs et aux émetteurs de comprendre les changements intervenus.

- Impact sur les Marchés : Les mises à jour des notations peuvent avoir un impact significatif sur les marchés financiers. Une révision à la baisse de la notation d'un émetteur peut entraîner une hausse des taux d'intérêt sur sa dette, ce qui peut avoir des conséquences financières importantes.

- Réactions des Investisseurs : Les investisseurs surveillent de près les mises à jour des notations, car elles peuvent influencer leurs décisions d'investissement. Une notation plus basse peut inciter les investisseurs à vendre des titres, ce qui peut provoquer une baisse des prix sur les marchés.

- Transparence et Responsabilité : Les agences de notation sont tenues de maintenir un haut degré de transparence dans leurs processus de notation. Elles doivent expliquer leurs méthodologies et justifier leurs notations. De plus, elles sont responsables de la qualité de leurs évaluations.

La surveillance continue et les mises à jour des notations sont essentielles pour refléter avec précision la dynamique changeante du risque de crédit. Cela permet aux investisseurs et aux émetteurs de prendre des décisions éclairées et de réagir aux évolutions du marché en temps réel. En fin de compte, cela contribue à renforcer la confiance des investisseurs dans les marchés financiers et à assurer une gestion plus efficace du risque de crédit.

2.2.2 Notation des Dettes Souveraines

2.2.2.1 Critères pour les Dettes Souveraines :

L'évaluation des dettes souveraines est une tâche complexe et cruciale pour les agences de notation, car les notations souveraines influencent non seulement la perception des investisseurs, mais aussi les coûts de financement des États. Pour attribuer des notations aux dettes souveraines, les agences se basent sur des critères spécifiques qui prennent en compte divers aspects de la situation d'un État. Voici une analyse plus détaillée des principaux critères :

- Stabilité Politique : La stabilité politique est un facteur clé. Les agences de notation évaluent la capacité d'un gouvernement à maintenir un environnement politique stable. Les évolutions politiques, les conflits internes, les changements de régime et la capacité du gouvernement à gérer les tensions politiques jouent un rôle dans cette évaluation. Un État politiquement stable est perçu comme moins risqué, ce qui peut se traduire par de meilleures notations.

- Situation Budgétaire : Les agences analysent les finances publiques de l'État, y compris les recettes, les dépenses, le déficit budgétaire et la dette publique. Une situation budgétaire saine, caractérisée par des recettes stables et une gestion budgétaire prudente, est généralement associée à des notations élevées. Les agences examinent également la trajectoire budgétaire future pour évaluer la capacité de l'État à maintenir sa solvabilité à long terme.

- Capacité à Honorer la Dette : L'une des questions fondamentales est de savoir si un État peut honorer ses obligations de dette. Les agences évaluent la capacité de l'État à rembourser les intérêts et le principal de sa dette en temps voulu. Cela dépend de la capacité de l'État à générer des recettes fiscales, à gérer les paiements de la dette, et à accéder aux marchés financiers. Les agences surveillent attentivement les échéances de la dette souveraine pour évaluer le risque de refinancement.

- Solidité Économique : La solidité économique d'un État est un facteur essentiel. Les agences examinent la diversification de l'économie, la croissance économique, la productivité, le niveau de développement et la résilience aux chocs économiques. Une économie robuste est perçue comme moins vulnérable aux crises financières.

- Facteurs Géopolitiques : Les facteurs externes, tels que les évolutions géopolitiques, peuvent avoir un impact significatif sur les notations souveraines. Les agences prennent en compte la stabilité régionale, les conflits internationaux potentiels et d'autres éléments qui pourraient perturber la solvabilité d'un État.

En fin de compte, les agences de notation synthétisent ces critères pour attribuer une note souveraine qui reflète leur évaluation du risque de crédit. Les notations souveraines ont un impact direct sur la capacité d'un État à emprunter à des taux d'intérêt abordables et à maintenir la confiance des investisseurs. Une notation élevée est un atout précieux, car elle permet à un État de réduire ses coûts de financement, de mobiliser des capitaux sur les marchés internationaux et de stimuler la croissance économique. Par conséquent, les critères d'évaluation des dettes souveraines revêtent une importance cruciale pour les gouvernements et les investisseurs du monde entier.

Les notations des dettes souveraines, attribuées par les agences de notation financière, jouent un rôle de premier plan dans le monde de la finance. Elles reflètent la qualité du crédit des États et sont utilisées pour évaluer la solvabilité des gouvernements nationaux. Cette section approfondira les détails de la notation des dettes souveraines, y compris l'échelle de notation et son impact sur les investisseurs et les gouvernements.

- Échelle de Notation : Les notations des dettes souveraines sont généralement notées sur une échelle qui varie de AAA (la meilleure qualité) à D (en défaut). L'échelle de notation est conçue pour indiquer le niveau de risque associé à un investissement dans les obligations souveraines d'un pays donné. Chaque lettre ou combinaison de lettres correspond à un niveau de risque spécifique. Par exemple, une notation AAA est considérée comme la plus sûre, indiquant un risque de crédit minime, tandis qu'une notation D signifie que le pays est en défaut de paiement sur sa dette.

- Impact sur les Investisseurs : Les investisseurs, qu'ils soient institutionnels, tels que les fonds de pension, les fonds souverains, ou les investisseurs individuels, accordent une grande importance aux notations des dettes souveraines. Les notations influencent directement leurs décisions d'investissement, car elles sont utilisées comme un indicateur clé de la qualité du crédit. Les investisseurs sont plus enclins à acheter des obligations souveraines notées AAA, car elles sont considérées comme sûres et offrent un rendement potentiellement plus faible. En revanche, les pays notés plus bas, par exemple BBB ou moins, sont considérés comme plus risqués, ce qui peut entraîner des taux d'intérêt plus élevés pour attirer des investisseurs.

- Impact sur les Gouvernements : Pour les gouvernements, les notations souveraines ont un impact significatif sur leur capacité à emprunter sur les marchés financiers mondiaux. Les notations plus élevées facilitent l'accès aux marchés de capitaux, permettant aux gouvernements d'emprunter à des taux d'intérêt plus bas. Cela peut réduire les coûts de service de la dette et favoriser une gestion budgétaire plus efficace. En revanche, une dégradation de la notation souveraine peut entraîner des coûts d'emprunt plus élevés, ce qui peut avoir un impact négatif sur la situation financière d'un gouvernement.

- Exemple Pratique : Prenons l'exemple de la Grèce pendant la crise de la dette souveraine européenne. Lorsque la notation souveraine de la Grèce a été dégradée, les taux d'intérêt sur les obligations grecques ont augmenté de manière significative, ce qui a rendu plus coûteux pour le gouvernement grec de rembourser sa dette et de financer ses opérations. Cette situation a conduit à une crise financière et à des mesures d'austérité draconiennes pour le pays.

En résumé, les notations des dettes souveraines jouent un rôle crucial pour les investisseurs et les gouvernements. Elles influencent l'accès aux marchés financiers mondiaux, les coûts d'emprunt, et la confiance dans la solvabilité des États. Une notation élevée est recherchée pour bénéficier de taux d'intérêt plus bas et d'une meilleure stabilité financière, tandis qu'une dégradation de la notation peut entraîner des coûts plus élevés et des défis financiers importants.

2.2.3 Notation des Dettes Corporatives

2.2.3.1 Critères pour les Dettes Corporatives :

La notation des dettes corporatives est un processus complexe qui implique une évaluation détaillée de la solidité financière d'une entreprise. Les agences de notation financière prennent en compte plusieurs critères essentiels pour déterminer la qualité du crédit d'une entreprise. Voici une expansion sur les principaux facteurs pris en considération :

- Santé Financière de l'Entreprise : La santé financière d'une entreprise est un facteur central dans l'évaluation de sa notation. Les agences examinent les états financiers de l'entreprise, y compris son bilan, son compte de résultat et son tableau des flux de trésorerie. Ils analysent les indicateurs financiers tels que la rentabilité, la solvabilité, la liquidité et l'efficacité opérationnelle.

- Structure de Capital : La structure de capital d'une entreprise fait référence à la manière dont elle finance ses activités, notamment la répartition entre les capitaux propres et la dette. Les agences évaluent la proportion de la dette par rapport aux capitaux propres et la qualité des garanties éventuelles. Une structure de capital équilibrée peut être considérée comme un indicateur positif.

- Flux de Trésorerie : Les flux de trésorerie de l'entreprise sont cruciaux pour évaluer sa capacité à honorer ses obligations financières. Les agences examinent les flux de trésorerie d'exploitation, d'investissement et de financement. Une forte génération de flux de trésorerie opérationnels est un signe positif.

- Compétitivité : L'environnement concurrentiel dans lequel l'entreprise évolue est pris en compte. Les agences évaluent la position de l'entreprise sur son marché, sa part de marché, sa capacité à innover et à s'adapter aux évolutions du secteur. Une entreprise compétitive est plus susceptible d'honorer ses engagements financiers.

- Facteurs Sectoriels : Les agences tiennent compte des caractéristiques spécifiques au secteur dans lequel opère l'entreprise. Par exemple, les critères de notation pour une entreprise du secteur technologique peuvent différer de ceux d'une entreprise du secteur de l'énergie. Les agences évaluent la sensibilité de l'entreprise aux tendances sectorielles et aux risques associés.

- Probabilité de Défaut : Un aspect crucial de la notation des dettes corporatives est l'évaluation de la probabilité de défaut de l'entreprise. Les agences utilisent des modèles statistiques sophistiqués pour estimer la probabilité que l'entreprise ne puisse pas honorer ses obligations financières. Cette probabilité de défaut est souvent exprimée sous forme de pourcentage.

En fonction de l'évaluation de ces facteurs et d'autres critères spécifiques, les agences attribuent des notations aux dettes corporatives. Ces notations vont généralement de AAA (la plus élevée, indiquant une faible probabilité de défaut) à D (en défaut). Les notations permettent aux investisseurs de mesurer le risque de crédit associé à une entreprise et influencent les coûts d'emprunt de l'entreprise. Une notation élevée peut conduire à des taux d'intérêt plus bas, tandis qu'une notation basse peut entraîner des coûts d'emprunt plus élevés, ce qui peut avoir un impact significatif sur la capacité de l'entreprise à financer ses opérations et à se développer sur les marchés financiers.

2.2.3.2 Notations des Dettes Corporatives :

Les notations des dettes corporatives, allant de AAA (la plus élevée) à D (en défaut), sont un outil essentiel pour les investisseurs, les prêteurs et les émetteurs d'obligations d'entreprise. Elles fournissent une évaluation standardisée de la qualité du crédit d'une entreprise, ce qui a des implications significatives sur plusieurs aspects clés du fonctionnement des marchés financiers. Voici comment les notations des dettes corporatives impactent directement les coûts d'emprunt et la confiance des investisseurs :

- Évaluation de la Qualité du Crédit : Les notations des dettes corporatives sont conçues pour aider les investisseurs à évaluer le risque de crédit associé à un émetteur d'obligations. Elles indiquent la probabilité de remboursement en temps voulu du capital et des intérêts. Une notation élevée, telle que AAA, suggère une faible probabilité de défaut, tandis qu'une notation basse, comme B ou CCC, indique un risque de crédit plus élevé.

- Impact sur les Coûts d'Emprunt : Les notations ont un impact direct sur les coûts d'emprunt d'une entreprise. Plus la notation est élevée, plus l'entreprise est perçue comme crédible et moins elle doit offrir de rendement pour attirer des investisseurs. En d'autres termes, les entreprises notées AAA peuvent emprunter à des taux d'intérêt plus bas que celles notées B ou CCC. Les coûts d'emprunt plus bas permettent aux entreprises de réduire leurs charges d'intérêt, ce qui peut améliorer leur rentabilité et leur capacité à investir dans la croissance ou à rembourser leur dette.

- Accès aux Marchés Financiers : Les notations influencent également l'accès des entreprises aux marchés financiers. Les investisseurs institutionnels, tels que les fonds de pension et les fonds communs de placement, ont souvent des critères stricts en matière de notation et ne peuvent investir que dans des titres notés au-dessus d'un certain seuil. Les entreprises notées AAA à A sont généralement considérées comme « investment grade », ce qui signifie qu'elles peuvent émettre des obligations et attirer des investisseurs de grande envergure. En revanche, les entreprises notées en catégorie spéculative (« non-investment grade ») ont un accès plus limité aux marchés financiers, ce qui peut limiter leurs options de financement.

- Confiance des Investisseurs : Les notations des dettes corporatives jouent un rôle essentiel dans la confiance des investisseurs. Les investisseurs se tournent souvent vers les notations pour évaluer la qualité des investissements. Une notation élevée peut renforcer la confiance des investisseurs, les incitant à acheter les titres de l'entreprise. En revanche, une notation basse peut susciter des inquiétudes quant à la stabilité financière de l'entreprise, ce qui peut décourager les investisseurs et faire augmenter les coûts d'emprunt.

- Gestion du Risque : Pour les investisseurs, les notations des dettes corporatives sont un outil de gestion du risque. Ils utilisent ces notations pour diversifier leurs portefeuilles et minimiser les risques. Une exposition élevée à des titres notés AAA peut aider à réduire le risque global du portefeuille, tandis qu'une surpondération de titres notés en catégorie spéculative peut augmenter le risque.

En résumé, les notations des dettes corporatives sont cruciales pour l'évaluation de la qualité du crédit des entreprises. Elles ont un impact direct sur les coûts d'emprunt, l'accès aux marchés financiers, la confiance des investisseurs et la gestion du risque. Les investisseurs et les émetteurs utilisent ces notations pour naviguer dans le paysage complexe de la finance d'entreprise et prendre des décisions éclairées.

2.2.4 Notation des Dettes Municipales

2.2.4.1 Critères pour les Dettes Municipales :

Les notations des dettes municipales sont essentielles pour évaluer la qualité du crédit des collectivités locales, telles que les municipalités, les comtés, les régions, et les autres entités gouvernementales à l'échelle locale. L'évaluation de ces dettes nécessite une approche spécifique en raison des caractéristiques uniques des emprunteurs municipaux. Voici une exploration approfondie des facteurs pris en compte lors de la notation des dettes municipales :

- Finances Locales : Les agences de notation examinent en détail les finances locales de la collectivité. Cela comprend l'analyse des budgets, des revenus, des dépenses, et de la situation de la dette de la municipalité. Les ratios financiers tels que la capacité à générer des revenus, la marge de manœuvre budgétaire, et la gestion de la dette sont passés en revue. Les agences cherchent à déterminer si la collectivité est en mesure de respecter ses engagements financiers, y compris le paiement des intérêts et le remboursement du principal de la dette.

- Impôts : Les impôts locaux sont une source cruciale de financement pour les collectivités locales. Les agences évaluent la structure fiscale de la municipalité, la stabilité des recettes fiscales, et la capacité de la collectivité à ajuster les taux d'imposition en cas de besoin. Les variations significatives des recettes fiscales, les

arriérés fiscaux, ou les problèmes liés à la collecte des impôts peuvent avoir un
impact sur la notation.

- Dépenses : Les dépenses de la collectivité, y compris les coûts liés aux services
  publics, à l'éducation, à la sécurité publique, et à d'autres domaines, sont évaluées.
  Les agences examinent la gestion des dépenses, la capacité à maîtriser les coûts, et
  la flexibilité budgétaire pour faire face à des dépenses imprévues. Des dépenses
  incontrôlées ou une pression croissante sur les ressources peuvent affecter
  négativement la notation.

- Gestion Financière : La qualité de la gestion financière est un facteur clé. Les
  agences évaluent la compétence des dirigeants locaux dans la gestion des finances
  publiques. Une gestion financière solide, une planification budgétaire prudente, et la
  mise en œuvre de réserves pour faire face à des situations d'urgence sont autant
  d'éléments positifs qui peuvent influencer positivement la notation.

- Évolutions Économiques Régionales : Les collectivités locales sont fortement
  influencées par l'environnement économique régional. Les agences de notation
  examinent la stabilité économique de la région et sa capacité à soutenir les activités
  de la collectivité. Une économie régionale en croissance peut améliorer la notation,
  tandis qu'une économie en déclin peut représenter un risque.

- Stabilité Politique Locale : La stabilité politique locale est également un facteur clé.
  Les conflits politiques, les changements fréquents d'administration ou les problèmes
  de gouvernance peuvent influencer négativement la notation. Une gouvernance
  stable et efficace est essentielle pour maintenir la confiance des investisseurs et des
  créanciers.

En résumé, les notations des dettes municipales tiennent compte d'un éventail de facteurs
liés aux finances, à la fiscalité, à la gestion financière, à l'économie régionale, et à la stabilité
politique locale. Ces évaluations aident les investisseurs à évaluer le risque de crédit
associé à ces emprunteurs locaux, ce qui a un impact direct sur les coûts d'emprunt et la
capacité des collectivités locales à financer des projets et à gérer leur dette de manière
efficace.

2.2.4.2 Notations des Dettes Municipales :

Les notations des dettes municipales jouent un rôle vital pour les collectivités locales, car
elles impactent directement leur capacité à attirer des investisseurs et à emprunter à des
taux compétitifs. Comprendre comment ces notations fonctionnent et pourquoi elles sont
cruciales pour les municipalités est essentiel.

2.2.4.2.1 Variation des Notations :

Les notations des dettes municipales suivent une échelle similaire à celles des dettes
souveraines et corporatives. Elles vont généralement de AAA (la meilleure qualité) à D (en
défaut). Cette échelle permet aux investisseurs de classer les émetteurs municipaux en

fonction du risque de crédit associé. Les notations plus élevées indiquent une qualité de crédit supérieure, tandis que les notations plus faibles signalent un risque plus élevé.

2.2.4.2.2 Influence sur la Capacité d'Emprunt :

Les notations des dettes municipales ont un impact direct sur la capacité des collectivités locales à emprunter sur les marchés financiers. Les municipalités qui détiennent des notations plus élevées sont perçues comme moins risquées par les investisseurs, ce qui signifie qu'elles peuvent accéder aux capitaux à des taux d'intérêt plus bas. En revanche, les collectivités locales notées plus bas sont confrontées à des coûts d'emprunt plus élevés, car elles doivent offrir des rendements plus attractifs pour attirer des investisseurs malgré le risque perçu.

2.2.4.2.3 Impact sur le Coût de la Dette :

Le coût de la dette est un facteur essentiel pour les collectivités locales, car il influe sur leur capacité à financer des projets, à fournir des services publics, et à gérer leurs obligations budgétaires. Une notation élevée permet aux municipalités d'emprunter à des taux d'intérêt plus bas, réduisant ainsi leurs coûts d'emprunt à long terme. Cela libère des ressources pour d'autres priorités budgétaires, telles que l'investissement dans les infrastructures ou les services publics.

2.2.4.2.4 Confiance des Investisseurs :

Les notations des dettes municipales sont également liées à la confiance des investisseurs. Les investisseurs, qu'il s'agisse d'individus, d'institutions financières ou de fonds d'investissement, comptent sur ces notations pour évaluer le risque associé aux investissements dans les municipalités. Des notations élevées renforcent la confiance des investisseurs, ce qui augmente la demande de titres municipaux. Cette demande accrue crée une pression à la baisse sur les taux d'intérêt, ce qui profite aux collectivités locales notées favorablement.

2.2.4.2.5 Incidence sur la Gestion de la Dette :

Les notations des dettes municipales ont également un impact sur la gestion de la dette des collectivités locales. Les municipalités bien notées ont plus de flexibilité pour structurer leur dette de manière favorable. Elles peuvent émettre des obligations à des taux d'intérêt plus bas et rembourser leur dette de manière plus efficiente, ce qui contribue à maintenir leur stabilité financière à long terme.

En résumé, les notations des dettes municipales, en variant de AAA à D, sont essentielles pour les collectivités locales. Elles influencent directement leur capacité à emprunter à des taux compétitifs, à attirer des investisseurs, à gérer leurs obligations budgétaires et à maintenir la confiance des marchés financiers. Une notation élevée est un atout précieux pour les municipalités qui cherchent à financer des projets et à assurer leur stabilité financière.

2.2.5 Conclusion

Ce chapitre a exploré en détail la méthodologie de notation utilisée par les agences de notation financière pour évaluer les dettes souveraines, corporatives et municipales.

Comprendre ces critères est essentiel pour les investisseurs, les émetteurs et les régulateurs, car les notations jouent un rôle central dans l'évaluation du risque de crédit et la prise de décision. Les notations aident à maintenir la confiance des investisseurs et à garantir la stabilité des marchés financiers.

3. Critères de Notation et Évaluation des Risques

3.1 : Critères de Notation des Dettes Souveraines

Les notations des dettes souveraines, qui évaluent la solvabilité des États, reposent sur une méthodologie spécifique, tenant compte de plusieurs critères essentiels. Ces critères permettent aux agences de notation financière d'évaluer le risque de crédit associé à un pays donné. Dans cette section, nous allons explorer en détail les critères de notation des dettes souveraines.

3.1.1 Économie Nationale

L'état de l'économie nationale est un critère fondamental pour évaluer la solvabilité d'un État. Les agences de notation examinent plusieurs indicateurs économiques, notamment :

3.1.1.1 La Croissance du Produit Intérieur Brut (PIB) comme Indicateur de Notation Souveraine

La croissance du Produit Intérieur Brut (PIB) joue un rôle central dans l'évaluation de la solvabilité des États par les agences de notation. Cet indicateur est essentiel, car il reflète la santé économique d'un pays et peut avoir un impact significatif sur la notation souveraine. Voici comment la croissance du PIB est utilisée comme critère majeur de notation :

- Croissance Économique Stable :

Les pays affichant une croissance économique stable et soutenue sont généralement mieux notés par les agences de notation. Une croissance économique stable est souvent associée à une capacité accrue à générer des revenus et à rembourser la dette. Les raisons en sont les suivantes :

- Revenus Fiscaux Accrus :

Une croissance économique soutenue peut augmenter les revenus fiscaux, ce qui permet au gouvernement de mieux gérer sa dette et de maintenir des finances publiques saines.

- Création d'Emplois :

Une économie en croissance tend à créer des emplois, réduisant ainsi le fardeau des prestations sociales et augmentant les recettes fiscales.

Une croissance économique stable et positive est souvent un indicateur de perspectives de croissance à long terme favorables, ce qui renforce la confiance des investisseurs et des prêteurs.

- **Impact sur la Dette Publique :**

La croissance du PIB a un impact direct sur le ratio de la dette publique par rapport au PIB. Un PIB en croissance contribue à réduire ce ratio, ce qui est généralement considéré comme positif pour la notation souveraine. Les raisons en sont les suivantes :

- Dilution de la Dette :

Une croissance économique soutenue peut diluer la dette publique en augmentant la taille de l'économie. Cela signifie que la dette représente une proportion plus faible du PIB.

- Capacité à Servir la Dette :

Un ratio dette/PIB plus faible indique une capacité accrue à servir la dette publique sans accroître la pression fiscale ou les déficits budgétaires.

- **Perspectives à Long Terme :**

La croissance économique stable est souvent interprétée comme un signe de perspectives à long terme positives pour un pays. Les investisseurs et les prêteurs recherchent la stabilité et la croissance à long terme, car elles réduisent le risque de défaut de paiement.

Cependant, il est important de noter que la croissance économique ne doit pas seulement être stable, mais aussi durable. Une croissance basée sur des facteurs temporaires ou artificiels peut ne pas être bien perçue par les agences de notation, car elle peut masquer des déséquilibres sous-jacents.

En résumé, la croissance du PIB est un indicateur clé utilisé par les agences de notation pour évaluer la solvabilité des États. Les pays affichant une croissance économique stable et soutenue sont généralement mieux notés, car cette croissance favorise des finances publiques saines, une gestion de la dette plus facile, et une confiance accrue des investisseurs à long terme.

3.1.1.2 Le Niveau de la Dette Publique par Rapport au PIB : Un Indicateur de Risque de Défaut

Lorsque les agences de notation évaluent la solvabilité d'un État, l'un des critères fondamentaux qu'elles examinent est le niveau de la dette publique par rapport au produit intérieur brut (PIB). Cette mesure est cruciale pour évaluer la capacité d'un pays à gérer sa dette et à honorer ses obligations financières. Voici pourquoi le niveau de la dette publique par rapport au PIB est un indicateur essentiel de risque de défaut.

- **Définition de la Dette Publique par Rapport au PIB :**

La dette publique est l'ensemble des obligations financières d'un gouvernement, y compris les emprunts sous forme d'obligations d'État, les prêts, et d'autres formes de dette. Le PIB est la valeur totale de tous les biens et services produits dans un pays au cours d'une année donnée. La dette publique par rapport au PIB est simplement le ratio de la dette publique à la taille de l'économie, exprimé en pourcentage.

- Indicateur de Gestion des Finances Publiques :

Le niveau de la dette publique par rapport au PIB est un indicateur de la santé des finances publiques d'un État. Un ratio élevé signifie que la dette publique est importante par rapport à la taille de l'économie. Cela peut indiquer que le gouvernement a contracté des dettes importantes pour financer ses dépenses, ce qui peut soulever des inquiétudes quant à sa capacité à gérer ces dettes de manière durable.

- Risque de Défaut :

Un ratio élevé de dette publique par rapport au PIB peut signaler un risque accru de défaut. Lorsque la dette publique devient insoutenable, le gouvernement peut avoir du mal à rembourser les intérêts et le principal de sa dette. Cela peut entraîner un défaut sur la dette souveraine, c'est-à-dire l'incapacité d'un pays à honorer ses obligations de paiement.

- Coûts d'Emprunt Élevés :

Les pays avec un niveau élevé de dette publique par rapport au PIB sont souvent confrontés à des coûts d'emprunt plus élevés. Les investisseurs exigent des rendements plus élevés pour compenser le risque supplémentaire lié à la détention de dettes d'un pays fortement endetté. Cela signifie que le gouvernement doit payer des taux d'intérêt plus élevés sur ses nouvelles émissions d'obligations, ce qui peut alourdir sa charge de la dette.

- Réduction de la Marge de Manœuvre Budgétaire :

Un ratio élevé de dette publique par rapport au PIB peut également réduire la marge de manœuvre budgétaire d'un gouvernement. Une grande partie des recettes fiscales peut être consacrée au remboursement de la dette, laissant moins de ressources disponibles pour d'autres priorités, telles que les services publics, les investissements ou les mesures de relance économique.

En somme, le niveau de la dette publique par rapport au PIB est un indicateur clé de la solvabilité d'un État. Les agences de notation financière l'utilisent pour évaluer le risque de défaut et les coûts d'emprunt. Un ratio élevé de dette publique par rapport au PIB peut signaler des problèmes de gestion des finances publiques et peut avoir des conséquences importantes sur la stabilité économique d'un pays. Il s'agit donc d'un critère fondamental pour évaluer la qualité du crédit des dettes souveraines.

3.1.1.3 Évaluation de la Capacité d'un Pays à Maintenir une Balance Commerciale Équilibrée ou Excédentaire

L'évaluation de la capacité d'un pays à maintenir une balance commerciale équilibrée ou excédentaire est un aspect crucial de la méthodologie de notation des dettes souveraines. Une balance commerciale équilibrée ou excédentaire est perçue comme un signe de stabilité économique, et elle influence directement la notation de la dette souveraine. Examinons en détail pourquoi cet indicateur revêt une telle importance pour les agences de notation.

La balance commerciale d'un pays mesure la différence entre la valeur de ses exportations et de ses importations de biens et de services. Une balance excédentaire survient lorsque la valeur des exportations est supérieure à celle des importations, ce qui signifie que le pays vend plus qu'il n'achète sur les marchés internationaux. À l'inverse, une balance commerciale déficitaire se produit lorsque les importations excèdent les exportations.

1. Stabilité Économique : Une balance commerciale équilibrée ou excédentaire indique généralement que l'économie d'un pays est capable de produire suffisamment de biens et de services pour répondre à la demande intérieure et exporter le reste. Cela témoigne de la stabilité économique et de la compétitivité de l'économie nationale.

2. Solde des Paiements : Une balance commerciale positive contribue à maintenir un solde des paiements positif, ce qui signifie que le pays reçoit plus de devises étrangères qu'il n'en dépense pour ses importations. Ce solde des paiements positif renforce la position financière globale du pays.

3. Capacité à Honorer la Dette : Une balance commerciale excédentaire peut également être un indicateur de la capacité d'un pays à générer des recettes fiscales et à honorer ses obligations financières, y compris le remboursement de la dette souveraine.

4. Stabilité de la Monnaie : Une balance commerciale excédentaire peut contribuer à la stabilité de la monnaie nationale, car elle crée une demande pour la devise du pays sur les marchés internationaux.

Une balance commerciale équilibrée ou excédentaire est généralement considérée comme un indicateur positif pour la notation de la dette souveraine. Les pays avec de telles balances sont souvent mieux notés, car ils sont perçus comme moins vulnérables aux fluctuations des taux de change et aux crises économiques potentielles.

Cependant, il est important de noter que la balance commerciale seule n'est pas le seul facteur influençant la notation des dettes souveraines. D'autres critères, tels que la stabilité politique, la gestion des finances publiques, et la situation économique générale, jouent également un rôle. Néanmoins, une balance commerciale équilibrée ou excédentaire est un élément important dans l'évaluation de la solidité économique d'un pays et de sa capacité à honorer ses obligations financières.

3.1.2 Politique Fiscale et Budgétaire

La politique fiscale et budgétaire d'un État est un facteur de première importance dans l'évaluation du risque de crédit souverain par les agences de notation. Ces agences portent une attention particulière à plusieurs éléments liés à la politique fiscale et budgétaire, qui offrent des indications claires sur la capacité d'un pays à honorer ses obligations de dette. Voici une analyse plus détaillée de ces critères :

- Déficit Budgétaire : L'un des critères les plus scrutés par les agences de notation est le déficit budgétaire d'un État. Un déficit budgétaire se produit lorsque les dépenses publiques dépassent les recettes publiques. Les agences évaluent la taille du déficit par rapport au PIB et sa tendance au fil du temps. Un déficit budgétaire excessif peut signaler des problèmes de gestion des finances publiques. Les agences préfèrent les pays qui maintiennent un déficit budgétaire sous contrôle, voire qui parviennent à dégager un excédent budgétaire, car cela témoigne d'une gestion financière prudente et d'une plus grande capacité à honorer la dette souveraine.

- Politique de Dette : Les mesures prises par un État pour gérer sa dette publique sont un autre point clé d'analyse. Les agences examinent la stratégie d'emprunt d'un pays, y compris les émissions d'obligations. Une gestion prudente de la dette implique de rechercher un équilibre entre le besoin de financement et le coût de la dette. Les agences évaluent si un pays peut rembourser sa dette à long terme sans s'endetter de manière excessive. Les obligations à long terme sont souvent utilisées pour financer des investissements à long terme, tandis que les obligations à court terme peuvent être plus appropriées pour des besoins de trésorerie à court terme.

- Stabilité des Recettes : La stabilité des recettes fiscales est cruciale pour la notation des dettes souveraines. Les agences de notation analysent la capacité d'un État à générer des revenus fiscaux cohérents et suffisants pour couvrir ses dépenses. Les variations importantes des recettes fiscales, notamment en raison de fluctuations économiques, peuvent rendre plus difficile la gestion budgétaire. Les agences préfèrent les pays dont les recettes fiscales sont relativement stables, car cela réduit le risque de volatilité budgétaire.

En résumé, la politique fiscale et budgétaire d'un État est un pilier central de l'évaluation du risque de crédit souverain. Les agences de notation se penchent attentivement sur des critères tels que le déficit budgétaire, la gestion de la dette et la stabilité des recettes fiscales pour déterminer si un pays est en mesure d'honorer ses obligations de dette à long terme. Une politique fiscale et budgétaire prudente est un indicateur positif pour les investisseurs et peut se traduire par des notations de crédit plus élevées, ce qui réduit les coûts d'emprunt d'un pays.

3.1.3 Stabilité Politique

La stabilité politique est un facteur fondamental dans l'évaluation de la solvabilité d'un État. Les agences de notation prennent en compte plusieurs éléments liés à la stabilité politique lors de l'attribution des notations, car l'instabilité politique peut avoir un impact significatif sur la capacité d'un pays à honorer sa dette et à maintenir sa stabilité financière. Voici quelques-uns des éléments spécifiques que les agences examinent :

- Risque Politique : Les agences de notation évaluent le risque politique en examinant la probabilité de conflits internes, de changements de régime, ou d'instabilité politique pouvant perturber la capacité de l'État à honorer sa dette. Les facteurs qui contribuent à un risque politique élevé comprennent les conflits ethniques ou religieux, les manifestations politiques fréquentes, les tensions sociales, et d'autres éléments susceptibles de créer des troubles civils. Un risque politique élevé peut entraîner une dégradation de la notation souveraine, ce qui rend l'emprunt plus coûteux pour le pays.

- Conformité aux Normes Démocratiques : Les pays qui respectent les normes démocratiques et l'état de droit sont généralement mieux notés par les agences de notation. Les processus démocratiques, tels que des élections libres et équitables, le respect des droits de l'homme, la séparation des pouvoirs, et un système judiciaire indépendant, sont autant d'éléments qui contribuent à une stabilité politique favorable. Les pays où ces normes sont enfreintes ou négligées sont plus susceptibles de recevoir des notations plus basses, car l'incertitude politique peut entraîner des risques accrus pour les investisseurs et les créanciers.

- Évolution Législative : Les agences examinent les décisions législatives et réglementaires susceptibles d'influencer la stabilité politique et la gestion des finances publiques. Les changements de politiques qui pourraient avoir un impact négatif sur la capacité d'un État à rembourser sa dette, comme des modifications dans la fiscalité, la réglementation financière, ou les dépenses publiques, sont pris en compte. Les réformes politiques et législatives favorables à la stabilité économique et politique sont considérées comme positives.

La stabilité politique est cruciale pour les investisseurs, car elle influe sur la confiance dans un pays en tant qu'émetteur de dettes souveraines. Les investisseurs préfèrent généralement placer leur argent dans des pays politiquement stables, car cela réduit le risque de perturbations économiques majeures. Par conséquent, les notations souveraines prennent en compte ces éléments pour fournir une évaluation complète de la solvabilité d'un État et aider les investisseurs à prendre des décisions éclairées.

3.1.4 Autres Facteurs

En plus des critères principaux tels que l'économie nationale, la politique fiscale et budgétaire, et la stabilité politique, les agences de notation tiennent compte de plusieurs autres facteurs qui jouent un rôle essentiel dans l'évaluation de la solvabilité d'un État. Ces facteurs supplémentaires offrent une vision plus nuancée de la situation financière et politique d'un pays. Voici quelques-uns de ces facteurs clés :

- Réserves de Change : Les réserves de change d'un pays sont constituées de devises étrangères, d'or et d'autres actifs liquides qui sont détenus par la banque centrale ou l'État. Ces réserves sont essentielles pour garantir la stabilité économique en permettant à un pays de faire face à d'éventuelles crises monétaires, de réguler sa monnaie, et de couvrir ses besoins en devises étrangères pour le commerce international. Un niveau adéquat de réserves de change est un indicateur de solidité financière.

- Tendances Démographiques : Les agences évaluent les tendances démographiques d'un pays, notamment la croissance de la population, la répartition par âge, la migration, et d'autres facteurs démographiques. Ces éléments ont des implications directes sur les finances publiques, les dépenses liées à la sécurité sociale, l'éducation et d'autres services publics. Par exemple, une population vieillissante peut exercer une pression sur les coûts liés à la santé et aux retraites, ce qui peut affecter la capacité d'un État à honorer sa dette.

- Accès aux Marchés Financiers : L'accès aux marchés financiers internationaux est un élément crucial. Les agences évaluent la capacité d'un État à émettre des obligations souveraines sur les marchés mondiaux et à emprunter à des taux compétitifs. Un accès facile aux marchés internationaux peut faciliter le financement des besoins budgétaires, tandis que des difficultés d'accès ou des taux d'intérêt élevés peuvent compliquer la gestion de la dette.

- Politique Monétaire et Banque Centrale : Les agences examinent également la politique monétaire d'un pays, y compris le rôle de la banque centrale, ses politiques de taux d'intérêt, et sa capacité à maintenir la stabilité des prix. Une politique monétaire responsable est un indicateur de solidité financière et de stabilité.

- Géopolitique : Les facteurs géopolitiques, tels que les conflits armés, les tensions internationales, et les sanctions économiques, peuvent avoir un impact significatif sur la solvabilité d'un État. Les agences surveillent ces développements et évaluent leur impact potentiel sur la situation financière d'un pays.

- Législation et Réglementation : Les agences examinent les évolutions législatives et réglementaires qui pourraient avoir des répercussions sur la situation financière d'un État, notamment les réformes fiscales, les politiques de dépenses publiques, et d'autres mesures gouvernementales.

En somme, ces facteurs supplémentaires sont cruciaux pour une évaluation complète de la solvabilité d'un État. Ils contribuent à la complexité du processus de notation des dettes souveraines et permettent aux agences de notation de fournir des évaluations plus précises et nuancées du risque de crédit associé à un pays donné.

En conclusion, les critères de notation des dettes souveraines sont multiples et complexes, reflétant la réalité complexe de la solvabilité des États. Ces critères permettent aux agences de notation de fournir des évaluations qui aident les investisseurs, les gouvernements et les institutions financières à évaluer le risque associé à l'investissement dans des dettes souveraines. Une compréhension approfondie de ces critères est essentielle pour anticiper les notations et leurs implications.

3.2 Critères de Notation des Entreprises

Le processus de notation des entreprises est essentiel pour les investisseurs, les prêteurs et les émetteurs, car il permet d'évaluer la qualité du crédit d'une entreprise et son aptitude à honorer ses obligations financières. Les agences de notation utilisent une méthodologie spécifique qui prend en compte divers critères pour évaluer la solvabilité des entreprises. Dans cette section, nous explorerons en détail les principaux critères de notation des entreprises.

3.2.1 Santé Financière

La santé financière d'une entreprise est un indicateur clé pour les agences de notation. Les critères qui entrent en jeu pour évaluer la santé financière d'une entreprise incluent :

3.2.1.1 Ratios Financiers :

La santé financière d'une entreprise est l'un des critères les plus fondamentaux pour les agences de notation lorsqu'elles évaluent la qualité de son crédit. Pour évaluer la santé financière d'une entreprise, les agences examinent une série de ratios financiers qui fournissent des indications précieuses sur sa capacité à générer des revenus, à couvrir ses coûts et à rembourser sa dette. Voici un aperçu de certains des principaux ratios financiers examinés par les agences de notation :

- Ratio de Liquidité : Le ratio de liquidité mesure la capacité d'une entreprise à répondre à ses obligations financières à court terme en utilisant ses actifs les plus liquides. Deux ratios couramment utilisés sont le ratio de liquidité courante (actifs courants/passifs courants) et le ratio de liquidité rapide (actifs courants - stocks/passifs courants). Un ratio de liquidité élevé est généralement considéré comme positif, car il indique que l'entreprise dispose de suffisamment de liquidités pour faire face à ses obligations à court terme.

- Ratio d'Endettement : Le ratio d'endettement mesure la proportion de la dette totale d'une entreprise par rapport à son actif total. Il existe plusieurs variations de ce ratio, notamment le ratio dette/capital, le ratio dette/actif, et d'autres. Un ratio d'endettement plus faible indique généralement une situation financière plus solide, car l'entreprise est moins dépendante de la dette pour financer ses activités.

- Marge Bénéficiaire : La marge bénéficiaire mesure la rentabilité d'une entreprise en comparant ses bénéfices à ses revenus. Il existe plusieurs types de marges, notamment la marge brute, la marge opérationnelle, et la marge nette. Une marge bénéficiaire élevée indique que l'entreprise génère un bénéfice important par rapport à ses revenus, ce qui est un signe de santé financière.

- Rendement sur les Actifs (ROA) et Rendement sur les Capitaux Propres (ROE) : Le ROA mesure la rentabilité des actifs de l'entreprise, tandis que le ROE mesure la rentabilité des capitaux propres des actionnaires. Ces ratios évaluent l'efficacité de l'entreprise à générer des bénéfices par rapport à ses actifs et à l'investissement des actionnaires. Des ROA et ROE élevés sont généralement considérés comme positifs.

- Ratio de Couverture des Intérêts : Ce ratio mesure la capacité de l'entreprise à couvrir ses charges d'intérêts avec son bénéfice d'exploitation. Un ratio de couverture des intérêts élevé indique que l'entreprise peut facilement faire face à ses obligations d'intérêts, ce qui est important pour les créanciers.

Ces ratios fournissent un aperçu de la santé financière d'une entreprise et de sa capacité à gérer ses finances de manière responsable. Les agences de notation utilisent ces ratios pour évaluer le risque de crédit associé à l'entreprise et attribuer une notation correspondante. Une notation élevée indique que l'entreprise est bien positionnée pour honorer ses obligations financières, tandis qu'une notation plus basse suggère un risque accru de défaut. Ces notations ont un impact direct sur la capacité de l'entreprise à emprunter à des taux compétitifs et à maintenir la confiance des investisseurs.

3.2.1.2 Antécédents de Crédit de l'Entreprise

Lorsqu'une agence de notation évalue la fiabilité financière d'une entreprise, l'examen de ses antécédents de crédit joue un rôle crucial. Cette analyse approfondie des antécédents de crédit vise à évaluer la capacité de l'entreprise à honorer ses obligations financières de manière régulière et fiable. Voici comment les agences de notation examinent les antécédents de crédit d'une entreprise :

- Historique de la Dette :

Les agences de notation examinent l'historique de la dette de l'entreprise, y compris les emprunts antérieurs, les obligations émises, les lignes de crédit utilisées, et les modalités de remboursement. Un historique de dette bien géré, avec un respect régulier des échéances de paiement, est un signe de fiabilité financière.

- Gestion de la Dette :

L'approche de l'entreprise à l'égard de la gestion de la dette est un facteur clé. Les agences analysent comment l'entreprise a géré sa dette existante, notamment si elle a été capable de refinancer, de renégocier les conditions de remboursement, ou de rembourser des emprunts de manière proactive. Une gestion prudente de la dette indique une meilleure capacité à faire face aux obligations financières à venir.

- Historique de Paiement :

Les agences de notation évaluent l'historique de paiement de l'entreprise, en examinant si elle a honoré ses engagements financiers de manière ponctuelle. Les retards de paiement, les défauts antérieurs ou les problèmes de trésorerie peuvent être des signaux d'alarme pour les agences.

- Relations avec les Créanciers :

Les interactions passées et présentes de l'entreprise avec ses créanciers, y compris les négociations sur les conditions de la dette, les réaménagements de dettes et les communications sur la santé financière de l'entreprise, sont également évaluées. Des relations constructives avec les créanciers peuvent être un atout en cas de difficultés financières.

- Analyse Comparative :

Les agences de notation comparent généralement les antécédents de crédit de l'entreprise avec ceux de ses pairs du même secteur ou de la même taille. Cette analyse comparative permet de contextualiser les performances de l'entreprise par rapport à ses concurrents et d'évaluer si elle est en avance ou en retard par rapport aux normes de l'industrie.

- Notations de Crédit Passées :

Les notations de crédit passées de l'entreprise, si disponibles, sont examinées. Les changements dans les notations antérieures et les raisons sous-jacentes sont pris en compte pour comprendre l'évolution de la fiabilité financière de l'entreprise.

Une évaluation approfondie des antécédents de crédit de l'entreprise aide les agences de notation à établir un profil complet de sa capacité à respecter ses obligations financières futures. Une entreprise ayant un solide historique de gestion de la dette, un bon historique de paiement, et des relations positives avec ses créanciers est plus susceptible de recevoir une notation de crédit favorable. À l'inverse, des antécédents de crédit négatifs ou une gestion de la dette imprudente peuvent entraîner des notations plus basses, ce qui peut avoir un impact sur les coûts de financement et la confiance des investisseurs.

3.2.1.3 Flux de Trésorerie :

L'évaluation des flux de trésorerie opérationnels d'une entreprise est un aspect essentiel du processus de notation financière, car elle permet de déterminer si l'entreprise dispose de suffisamment de liquidités pour faire face à ses obligations financières. Les flux de trésorerie opérationnels sont les fonds générés par les activités principales de l'entreprise, c'est-à-dire les opérations commerciales régulières, avant de prendre en compte les coûts liés aux investissements et au financement. Voici pourquoi cette évaluation est cruciale :

- Mesure de la Capacité de Remboursement :
Les flux de trésorerie opérationnels servent de base pour évaluer la capacité de l'entreprise à honorer ses obligations financières, telles que le remboursement de la dette, le paiement des intérêts sur la dette, les dividendes, et d'autres engagements financiers. Si les flux de trésorerie opérationnels sont solides et durables, cela indique que l'entreprise est en mesure de faire face à ces obligations sans risque de défaut.

- Analyse de la Stabilité Financière :
Les agences de notation examinent la stabilité des flux de trésorerie opérationnels au fil du temps. Une entreprise qui génère régulièrement des flux de trésorerie positifs et prévisibles est considérée comme plus stable sur le plan financier. Cela rassure les investisseurs et les prêteurs, car cela réduit le risque associé à l'entreprise.

- Couverture des Coûts d'Exploitation :
Les flux de trésorerie opérationnels doivent être suffisants pour couvrir les coûts d'exploitation de l'entreprise, tels que les salaires, les fournitures, les coûts de production, et d'autres dépenses courantes. Si l'entreprise ne génère pas de trésorerie opérationnelle positive, elle pourrait avoir du mal à couvrir ces coûts, ce qui est un signal de risque financier.

- Financement des Investissements :

Outre les obligations financières existantes, les flux de trésorerie opérationnels doivent également être suffisants pour financer les investissements nécessaires à la croissance et à la compétitivité de l'entreprise. Cela inclut l'achat d'équipements, le développement de nouveaux produits, et d'autres projets d'investissement. Si les flux de trésorerie opérationnels ne sont pas suffisants pour couvrir ces besoins en capitaux, l'entreprise pourrait devoir s'endetter davantage, ce qui accroît son risque financier.

- Adaptabilité face à l'Incertain :

Les agences de notation tiennent compte de la capacité de l'entreprise à faire face à des situations imprévues ou à des fluctuations économiques. Les flux de trésorerie opérationnels positifs et flexibles permettent à l'entreprise de mieux s'adapter à des circonstances changeantes, ce qui est considéré comme un atout.

En somme, l'évaluation des flux de trésorerie opérationnels est un pilier de la notation financière des entreprises. Elle permet de déterminer la capacité de l'entreprise à gérer sa dette, à financer ses investissements, à couvrir ses coûts d'exploitation, et à faire face à des défis financiers potentiels. Les investisseurs et les prêteurs accordent une grande importance à ces indicateurs financiers, car ils sont essentiels pour évaluer le risque associé à une entreprise donnée.

3.2.2 Structure de Capital

La structure de capital d'une entreprise fait l'objet d'une évaluation approfondie. Les agences de notation prennent en compte les éléments suivants :

3.2.2.1 Niveau d'Endettement :

Lorsqu'il s'agit d'évaluer la solvabilité d'une entreprise, l'un des critères clés pris en compte par les agences de notation est le niveau d'endettement de l'entreprise. La structure de capital d'une entreprise, c'est-à-dire la manière dont elle finance ses opérations et ses investissements, joue un rôle essentiel dans sa capacité à honorer ses obligations financières.

Le niveau d'endettement se réfère à la quantité d'argent emprunté par l'entreprise pour financer ses activités, que ce soit sous forme de dettes à court terme (telles que des lignes de crédit renouvelable) ou de dettes à long terme (comme des émissions d'obligations ou des prêts à long terme). Voici quelques éléments clés à considérer concernant le niveau d'endettement d'une entreprise et son impact sur sa notation de crédit :

- Définition du Niveau d'Endettement : Le niveau d'endettement est généralement exprimé sous forme de ratio de dette par rapport aux capitaux propres (debt-to-equity ratio) ou de ratio de dette par rapport au total de l'actif (debt-to-assets ratio). Ces ratios permettent de mesurer la proportion de la dette dans la structure de capital de l'entreprise.

- Impact du Niveau d'Endettement : Un niveau d'endettement excessif peut augmenter le risque de défaut de l'entreprise, car elle pourrait avoir du mal à honorer ses obligations de remboursement de la dette en cas de difficultés financières. Les agences de notation examinent le niveau d'endettement pour évaluer la capacité de l'entreprise à gérer sa dette.

- Risques liés à la Dette à Court Terme et à Long Terme : Les dettes à court terme, qui doivent être remboursées généralement dans un an, présentent un risque de refinancement plus élevé. Les agences de notation évaluent la capacité de l'entreprise à refinancer ses dettes à court terme. Les dettes à long terme, en revanche, ont des échéances plus étalées, mais peuvent entraîner des charges d'intérêt plus élevées.

- Combiner Dettes à Court Terme et à Long Terme : L'utilisation d'un mélange équilibré de dettes à court terme et à long terme peut être considérée comme une pratique de gestion de la dette plus prudente. Cela permet à l'entreprise de tirer parti de taux d'intérêt variables sur les dettes à court terme tout en maintenant une certaine stabilité grâce aux dettes à long terme.

- Tolérance au Risque : Le niveau d'endettement acceptable varie d'une entreprise à l'autre en fonction de sa tolérance au risque, de son secteur d'activité et des conditions du marché. Certaines industries, telles que les services publics, tolèrent généralement un niveau d'endettement plus élevé en raison de la stabilité de leurs flux de trésorerie, tandis que d'autres, comme la technologie, peuvent privilégier une structure de capital moins endettée.

En résumé, le niveau d'endettement est un critère important dans l'évaluation de la solvabilité d'une entreprise. Un niveau d'endettement excessif peut augmenter le risque de défaut, tandis qu'une structure de capital équilibrée, adaptée au profil de risque de l'entreprise, est considérée comme un indicateur positif pour les agences de notation. La gestion prudente de la dette est essentielle pour maintenir la confiance des investisseurs et garantir la stabilité financière de l'entreprise.

3.2.2.2 L'Équilibre Dette-Capitaux Propres :

La structure de capital d'une entreprise est un aspect fondamental de son évaluation par les agences de notation. Une partie essentielle de cette évaluation réside dans la proportion de dette par rapport aux capitaux propres. Une structure de capital bien équilibrée est généralement considérée comme positive et peut avoir un impact significatif sur la notation de l'entreprise.

Importance de la Structure de Capital :

La structure de capital d'une entreprise se réfère à la manière dont elle finance ses activités, en utilisant généralement deux sources principales : la dette (sous la forme d'emprunts et d'obligations) et les capitaux propres (investissements en actions émis par l'entreprise). La répartition de ces deux sources de financement peut varier considérablement d'une entreprise à l'autre.

Les agences de notation examinent de près la proportion de dette par rapport aux capitaux propres pour plusieurs raisons :

1. Risque de Crédit : Une entreprise fortement endettée présente un risque plus élevé de défaut, car elle doit honorer ses paiements d'intérêts et de principal. Une structure de capital équilibrée peut indiquer une gestion financière prudente et une réduction du risque de crédit.

2. Flexibilité Financière : Une structure de capital équilibrée permet généralement à une entreprise de maintenir une plus grande flexibilité financière. Elle peut plus facilement réagir aux fluctuations économiques et aux opportunités d'investissement sans être excessivement contrainte par des paiements d'intérêts lourds.

3. Impact sur les Coûts : Les coûts de la dette, tels que les intérêts, peuvent affecter la rentabilité d'une entreprise. Une structure de capital équilibrée peut contribuer à maintenir des coûts d'emprunt raisonnables, ce qui est positif pour les investisseurs et les actionnaires.

4. Notation de Crédit : L'équilibre entre la dette et les capitaux propres peut avoir un impact direct sur la notation de crédit d'une entreprise. Les agences de notation tiennent compte de la stabilité de la structure de capital et du risque associé lorsqu'elles attribuent une note à une entreprise.

5. Confiance des Investisseurs : Les investisseurs, en particulier les prêteurs et les créanciers, accordent de l'importance à la structure de capital d'une entreprise. Une structure équilibrée peut renforcer la confiance des investisseurs et favoriser de meilleures relations avec les marchés financiers.

Il est important de noter que la structure de capital optimale peut varier en fonction de la situation et des besoins spécifiques de chaque entreprise. Par exemple, une jeune entreprise en croissance rapide peut avoir besoin de plus de capitaux propres pour financer son expansion, tandis qu'une entreprise mature peut privilégier une dette plus importante pour optimiser sa rentabilité.

En conclusion, l'équilibre entre la dette et les capitaux propres dans la structure de capital d'une entreprise est un facteur clé dans son évaluation par les agences de notation. Une structure de capital équilibrée est généralement considérée comme positive, car elle réduit le risque de crédit, renforce la flexibilité financière, et contribue à maintenir des coûts d'emprunt raisonnables, tout en renforçant la confiance des investisseurs et des marchés financiers. Cependant, la structure de capital optimale peut varier en fonction des besoins spécifiques de chaque entreprise.

3.2.2.3 Politique de Versement de Dividendes :

La politique de versement de dividendes est un aspect crucial de la structure de capital d'une entreprise et un critère que les agences de notation examinent attentivement lorsqu'elles évaluent la solvabilité d'une entreprise. La politique de dividendes d'une entreprise influence directement sa capacité à rembourser sa dette, et les agences de notation prennent en compte plusieurs facteurs liés à cette politique pour évaluer le risque de crédit de l'entreprise.

Impact sur la Capacité à Rembourser la Dette :

Les dividendes sont des paiements faits aux actionnaires à partir des bénéfices de l'entreprise. Lorsqu'une entreprise verse des dividendes réguliers et élevés, cela peut réduire la disponibilité de liquidités pour d'autres obligations financières, notamment le remboursement de la dette. Les agences de notation examinent si l'entreprise peut se permettre de verser des dividendes tout en respectant ses obligations de dette.

Critères liés à la Politique de Dividendes :

Les agences de notation évaluent plusieurs aspects de la politique de dividendes de l'entreprise, notamment :

1. Ratio de Versement des Dividendes : Les agences examinent le ratio des dividendes par rapport aux bénéfices de l'entreprise. Un ratio élevé peut signaler un engagement important envers le versement de dividendes, ce qui peut affecter négativement la capacité de l'entreprise à allouer des fonds au remboursement de la dette.

2. Historique de Versement de Dividendes : L'historique de versement de dividendes de l'entreprise est également examiné. Si l'entreprise a un historique solide de versement de dividendes tout en respectant ses obligations de dette, cela peut être un indicateur positif.

3. Flexibilité Financière : Les agences évaluent la flexibilité financière de l'entreprise pour déterminer si elle peut ajuster sa politique de dividendes en fonction des besoins de liquidités, notamment pour faire face à des obligations de dette à court terme.

Équilibre Entre les Dividendes et la Dette :

L'équilibre entre le versement de dividendes et le service de la dette est crucial. Les agences cherchent à évaluer si l'entreprise maintient un équilibre adéquat entre le versement de dividendes aux actionnaires et l'allocution de ressources financières au remboursement de la dette. Un déséquilibre en faveur des dividendes peut augmenter le risque de défaut.

La politique de versement de dividendes n'est qu'un des nombreux facteurs que les agences de notation considèrent lorsqu'elles évaluent le risque de crédit d'une entreprise. Elle est évaluée en conjonction avec d'autres critères, tels que la santé financière, la structure de capital, les perspectives de croissance, et la gestion des risques. L'objectif est de fournir une évaluation globale du risque associé à l'entreprise, ce qui aide les investisseurs et les prêteurs à prendre des décisions éclairées.

En fin de compte, la politique de versement de dividendes est un élément clé de la gestion financière d'une entreprise et influence sa capacité à respecter ses obligations financières. Pour cette raison, les agences de notation en tiennent compte dans leur évaluation du risque de crédit global de l'entreprise.

3.2.3 Perspectives de Croissance

Les perspectives de croissance de l'entreprise sont un critère majeur pour les agences de notation. Les facteurs liés à la croissance comprennent :

3.2.3.1 Perspectives de Croissance : Évaluation de la Position de l'Entreprise et du Secteur

Lorsque les agences de notation évaluent les perspectives de croissance d'une entreprise, l'examen de la position de l'entreprise sur le marché et les perspectives du secteur dans lequel elle opère est une étape cruciale. Cette évaluation permet de déterminer la capacité de l'entreprise à générer des revenus futurs, à faire face à ses obligations financières, et à maintenir une notation de crédit favorable. Voici comment les agences examinent ces éléments :

Position de l'Entreprise sur le Marché :

1. Part de Marché : Les agences de notation s'intéressent à la part de marché de l'entreprise dans son secteur. Une part de marché significative peut indiquer une position forte et une capacité à générer des revenus stables.

2. Avantages Concurrentiels : Les agences évaluent les avantages concurrentiels de l'entreprise, tels que ses marques, ses brevets, son réseau de distribution, ou sa technologie. Ces éléments peuvent renforcer la position de l'entreprise sur le marché.

3. Positionnement de Prix : Le positionnement des produits ou services de l'entreprise par rapport à la concurrence est examiné. Une entreprise capable de maintenir des marges bénéficiaires élevées peut être mieux notée.

4. Innovation et Adaptabilité : L'agilité de l'entreprise à innover et à s'adapter aux évolutions du marché est un facteur essentiel. Les agences recherchent des signes d'innovation et de réactivité face aux changements du marché.

1. Analyse Sectorielle : Les agences de notation évaluent les perspectives du secteur dans lequel opère l'entreprise. Les facteurs tels que la croissance prévue, la stabilité du secteur, et la concurrence sont pris en compte.

2. Tendances Macroéconomiques : Les agences examinent les tendances macroéconomiques qui peuvent influencer le secteur. Par exemple, l'évolution des taux d'intérêt, les changements réglementaires, ou les facteurs géopolitiques.

3. Cycle de Vie du Secteur : La phase du cycle de vie du secteur est évaluée. Un secteur en croissance peut offrir des opportunités de revenus, tandis qu'un secteur mature peut avoir des perspectives différentes.

4. Risques Spécifiques au Secteur : Les agences examinent les risques particuliers liés au secteur, tels que la volatilité des prix des matières premières, les contraintes réglementaires, ou les tendances de consommation.

5. Positionnement de l'Entreprise : L'adéquation de l'entreprise par rapport aux tendances du secteur est évaluée. Une entreprise bien positionnée pour bénéficier des opportunités du secteur sera mieux notée.

L'évaluation de la position de l'entreprise sur le marché et des perspectives du secteur permet aux agences de notation de fournir une vision complète des facteurs qui influencent les perspectives de croissance de l'entreprise. Une position solide sur le marché et des perspectives sectorielles favorables peuvent contribuer à une notation de crédit plus élevée, car elles indiquent une capacité accrue de l'entreprise à générer des revenus stables et à faire face à ses obligations financières. Cependant, il est essentiel de noter que les agences prennent en compte ces éléments en combinaison avec d'autres critères financiers et opérationnels pour évaluer globalement la qualité du crédit de l'entreprise.

3.2.3.2 La Capacité d'Innovation et l'Adaptabilité au Marché :

Lorsqu'il s'agit d'évaluer la solvabilité d'une entreprise, les agences de notation portent une attention particulière à la capacité de l'entreprise à innover et à s'adapter aux évolutions du marché. Cette dimension des perspectives de croissance joue un rôle essentiel dans l'évaluation du risque de crédit d'une entreprise. Voici pourquoi la capacité d'innovation et l'adaptabilité au marché sont prises en compte :

- Marché en Constante Évolution : Les marchés évoluent rapidement en raison de facteurs tels que les avancées technologiques, les changements de préférences des consommateurs, les réglementations nouvelles, et les évolutions concurrentielles. Une entreprise qui ne peut pas s'adapter à ces changements court un risque accru.

- Avantage Concurrentiel : L'innovation peut permettre à une entreprise de maintenir un avantage concurrentiel. Les entreprises capables de développer de nouveaux produits, d'améliorer leurs processus, ou de proposer des solutions novatrices sont mieux positionnées pour réussir sur le marché.

- Diversification et Croissance : Les entreprises innovantes ont plus de chances de diversifier leurs activités et de rechercher de nouvelles opportunités de croissance. Cette diversification peut réduire le risque associé à une concentration excessive dans un seul segment ou secteur.

- Réduction des Risques : Les entreprises qui intègrent des pratiques de gestion des risques et d'anticipation des évolutions du marché sont plus à même de minimiser les impacts négatifs de ces évolutions sur leurs activités.

- Création de Valeur : L'innovation peut contribuer à la création de valeur pour les actionnaires, les investisseurs et l'entreprise elle-même. Une entreprise qui innove avec succès peut générer des revenus supplémentaires, ce qui renforce sa capacité à honorer ses obligations financières.

- Réputation et Confiance : Les entreprises innovantes et adaptatives sont souvent mieux perçues par les investisseurs et les créanciers. Elles bénéficient d'une réputation positive et renforcent la confiance du marché, ce qui peut influencer favorablement leur coût de financement.

Pour évaluer la capacité d'innovation et l'adaptabilité au marché, les agences de notation examinent généralement les antécédents de l'entreprise en matière d'innovation, sa stratégie de recherche et développement, sa capacité à anticiper les tendances du marché, et son historique de réaction aux évolutions du marché. L'analyse porte sur la capacité de l'entreprise à rester compétitive et à s'ajuster aux réalités changeantes de l'économie et de l'industrie.

En résumé, la capacité d'innovation et l'adaptabilité au marché sont des critères essentiels dans l'évaluation du risque de crédit des entreprises, car elles reflètent la capacité de l'entreprise à maintenir sa rentabilité et à honorer ses obligations financières à long terme. Les entreprises qui investissent dans l'innovation et qui sont prêtes à s'adapter aux évolutions du marché sont mieux armées pour gérer les défis et tirer profit des opportunités à venir.

3.2.3.3 Perspectives de Croissance : Évaluation de la Stratégie de Croissance de l'Entreprise

L'évaluation de la stratégie de croissance de l'entreprise est un aspect essentiel du processus de notation des entreprises. Les agences de notation examinent attentivement comment une entreprise prévoit de se développer, d'innover et d'assurer sa compétitivité sur le marché. Cette évaluation repose sur plusieurs critères clés :

- Position sur le Marché et Perspectives du Secteur : Les agences de notation analysent la position de l'entreprise sur le marché et les perspectives du secteur dans lequel elle opère. Elles évaluent si l'entreprise est bien positionnée pour profiter de la croissance du marché ou si elle est confrontée à des défis sectoriels. Une entreprise qui opère dans un secteur en expansion et qui détient une part de marché significative est généralement mieux notée.

- Innovation et Adaptabilité : L'innovation est un facteur clé. Les agences de notation évaluent la capacité de l'entreprise à innover, à développer de nouveaux produits ou services, et à s'adapter aux évolutions du marché. Une entreprise qui investit dans la recherche et le développement, la technologie, et l'innovation est souvent mieux notée, car elle est plus à même de maintenir sa compétitivité à long terme.

- Stratégie de Croissance : Les agences examinent la stratégie de croissance de l'entreprise, y compris les investissements prévus, les acquisitions et le développement de nouveaux marchés. Les investissements dans des projets stratégiques qui peuvent renforcer la position de l'entreprise sur le marché sont considérés positivement. Cependant, les agences évaluent également la capacité de l'entreprise à financer ces initiatives de manière durable sans compromettre sa santé financière.

- Gestion des Risques liés à la Croissance : Les agences tiennent compte de la gestion des risques liés à la croissance. Cela implique d'évaluer si l'entreprise peut gérer de manière appropriée les risques potentiels associés à son expansion. Les risques peuvent inclure des investissements imprudents, des problèmes d'intégration après des acquisitions, ou une expansion trop rapide.

- Analyse de Scénarios : Les agences de notation réalisent souvent des analyses de scénarios pour évaluer comment l'entreprise résisterait à des circonstances défavorables. Cela peut inclure des tests de résistance pour évaluer la capacité de l'entreprise à faire face à des chocs économiques ou des perturbations du marché tout en maintenant sa capacité à honorer ses obligations financières.

Une stratégie de croissance bien planifiée et exécutée peut améliorer la solidité financière d'une entreprise et sa capacité à rembourser sa dette. Cependant, les agences de notation sont attentives à ce que cette croissance soit gérée de manière prudente et durable. Une stratégie de croissance équilibrée, alignée sur les perspectives du marché et les capacités financières de l'entreprise, peut contribuer à une meilleure notation et à une plus grande confiance des investisseurs. En fin de compte, les notations des entreprises reflètent non seulement leur situation actuelle, mais aussi leur potentiel de croissance et leur capacité à évoluer dans un environnement commercial en constante évolution.

3.2.4 Gestion des Risques

La capacité de l'entreprise à gérer les risques est un facteur essentiel. Les critères de gestion des risques incluent :

3.2.4.1 Gestion Financière dans les Critères de Notation des Entreprises

La gestion financière d'une entreprise est l'un des critères clés examinés par les agences de notation lors de l'évaluation de la solvabilité d'une entreprise. La manière dont une entreprise gère ses finances, y compris la gestion des flux de trésorerie, la gestion des devises étrangères et la gestion des risques liés aux taux d'intérêt, est cruciale pour déterminer sa solidité financière. Voici une analyse plus détaillée de ces pratiques de gestion financière et de leur rôle dans la notation des entreprises :

3.2.4.1.1 Gestion des Flux de Trésorerie :

La gestion des flux de trésorerie est un aspect fondamental de la gestion financière d'une entreprise. Les agences de notation examinent comment l'entreprise génère, utilise et gère ses liquidités. Les pratiques de gestion des flux de trésorerie comprennent :

- Génération de Trésorerie : Les agences analysent la capacité de l'entreprise à générer des flux de trésorerie positifs provenant de ses activités opérationnelles. Une entreprise capable de maintenir des flux de trésorerie positifs est mieux positionnée pour honorer ses obligations financières.

- Gestion des Besoins en Fonds de Roulement : Les agences évaluent la gestion du besoin en fonds de roulement, y compris la gestion des stocks, des créances et des dettes à court terme. Une gestion efficace peut réduire le besoin en financement externe.

- Structure de Financement : La manière dont l'entreprise finance ses activités, notamment par l'émission d'actions ou d'obligations, est prise en compte. Un équilibre sain entre la dette et les capitaux propres est généralement préféré.

3.2.4.1.2 Gestion des Devises Étrangères :

Pour les entreprises opérant sur les marchés internationaux, la gestion des devises étrangères est cruciale. Les agences de notation évaluent la manière dont l'entreprise gère les risques liés aux fluctuations des taux de change. Les pratiques de gestion des devises étrangères comprennent :

- Hedging (Couverture) : L'entreprise peut utiliser des instruments financiers tels que les contrats à terme ou les options pour se protéger contre les fluctuations défavorables des taux de change. Une stratégie de couverture appropriée peut réduire les risques de change.

- Diversification Géographique : Les agences examinent la diversification géographique des activités de l'entreprise. Une exposition excessive à une seule devise étrangère peut augmenter les risques de change.

- Gestion des Expositions : Les entreprises doivent être capables d'identifier et de gérer leurs expositions aux devises étrangères, en tenant compte des ventes, des achats et des coûts liés aux devises.

3.2.4.1.3 Gestion des Risques Liés aux Taux d'Intérêt :

La gestion des risques liés aux taux d'intérêt est essentielle pour les entreprises qui ont des emprunts à taux variable ou qui sont exposées aux variations des taux d'intérêt. Les agences de notation évaluent comment l'entreprise gère ces risques. Les pratiques de gestion des risques liés aux taux d'intérêt comprennent :

- Analyse de Sensibilité : Les agences de notation peuvent demander à l'entreprise de réaliser des analyses de sensibilité pour évaluer l'impact des variations des taux d'intérêt sur sa capacité à honorer ses obligations de dette.

- Stratégie de Gestion des Taux d'Intérêt : Les entreprises peuvent avoir des stratégies de gestion des taux d'intérêt, telles que l'utilisation de produits dérivés, pour se protéger contre les fluctuations des taux d'intérêt.

- Niveau d'Endettement : Les agences évaluent le niveau d'endettement de l'entreprise et la composition de sa dette en fonction des taux d'intérêt. Un niveau d'endettement excessif peut augmenter la sensibilité de l'entreprise aux variations des taux.

En résumé, la gestion financière est un élément clé dans la notation des entreprises. Les agences de notation évaluent comment une entreprise génère et gère ses flux de trésorerie, gère les risques liés aux

3.2.4.2 Gestion des Opérations de l'Entreprise

La gestion des opérations d'une entreprise est un critère essentiel dans le processus de notation des entreprises. Elle englobe la manière dont l'entreprise gère ses opérations quotidiennes, ses relations avec les fournisseurs, ses interactions avec les clients, et la gestion de ses chaînes d'approvisionnement. Les agences de notation examinent ces aspects pour évaluer la robustesse de l'entreprise et son aptitude à honorer ses obligations financières. Voici une explication plus détaillée de ces éléments clés :

3.2.4.2.1 Gestion des Fournisseurs :

1. Relation Fournisseur-Entreprise : Les agences de notation examinent comment l'entreprise interagit avec ses fournisseurs. Une gestion saine des fournisseurs suppose des relations stables, des paiements en temps opportun, et une communication efficace.

2. Diversification des Fournisseurs : La dépendance excessive à l'égard d'un seul fournisseur peut créer des vulnérabilités. Les agences évaluent la diversification des sources d'approvisionnement pour minimiser les risques liés à la dépendance à un fournisseur unique.

3. Gestion des Coûts : La capacité de l'entreprise à gérer les coûts d'approvisionnement est prise en compte. Une gestion efficace des coûts peut renforcer la rentabilité de l'entreprise.

1. Relation Client-Entreprise : Les agences évaluent la qualité des relations entre l'entreprise et ses clients. Des relations solides et des retours positifs des clients peuvent indiquer une stabilité à long terme.

2. Politique de Recouvrement : La politique de recouvrement de l'entreprise est analysée. Les délais de paiement, la gestion des créances douteuses, et la fiabilité des flux de trésorerie provenant des clients sont pris en compte.

3. Stratégie de Fidélisation : Les agences examinent si l'entreprise a mis en place des stratégies de fidélisation pour maintenir une clientèle stable et fidèle.

1. Efficacité Logistique : Les agences évaluent l'efficacité des processus logistiques, y compris le stockage, la distribution et la gestion des flux de marchandises.

2. Gestion des Risques dans la Chaîne d'Approvisionnement : La gestion des risques dans la chaîne d'approvisionnement est un facteur clé. Les entreprises sont évaluées en fonction de leur capacité à anticiper et à gérer les risques liés aux interruptions de la chaîne d'approvisionnement, comme les catastrophes naturelles, les problèmes de qualité des produits, ou les perturbations économiques.

3. Durabilité : De plus en plus, les agences de notation intègrent des critères de durabilité dans leur évaluation. Cela inclut la gestion responsable de la chaîne d'approvisionnement, en tenant compte de l'impact environnemental, social et de gouvernance (ESG) des opérations.

En évaluant ces aspects de la gestion des opérations, les agences de notation évaluent la capacité de l'entreprise à maintenir des opérations stables, à gérer les risques, et à maintenir des relations positives avec les fournisseurs et les clients. Une gestion efficace des opérations renforce la confiance des investisseurs et des créanciers, ce qui a un impact direct sur la notation de crédit de l'entreprise.

Ces dernières années, les pratiques ESG (Environnement, Social, Gouvernance) ont pris de l'ampleur dans le processus de notation des entreprises. Les critères ESG évaluent la manière dont une entreprise intègre des considérations environnementales, sociales et de gouvernance dans ses activités. Ces critères fournissent une évaluation holistique de la durabilité, de la responsabilité sociale et de la gouvernance d'entreprise de l'entreprise, au-delà de ses performances financières pures. Voici comment les pratiques ESG sont de plus en plus prises en compte dans l'évaluation des entreprises :

3.2.4.3.1 Durabilité Environnementale :

Les critères ESG prennent en compte la durabilité environnementale de l'entreprise. Cela inclut la manière dont l'entreprise gère son empreinte carbone, sa consommation d'énergie, sa gestion des déchets, et ses pratiques liées à la biodiversité. Les agences de notation évaluent également la conformité aux réglementations environnementales et la capacité de l'entreprise à s'adapter aux enjeux environnementaux, tels que le changement climatique. Une entreprise qui met en œuvre des pratiques durables peut obtenir une notation plus élevée, ce qui peut être perçu positivement par les investisseurs soucieux de l'environnement.

3.2.4.3.2 Responsabilité Sociale :

Les critères ESG évaluent également la responsabilité sociale de l'entreprise. Cela comprend des considérations telles que les pratiques de travail éthiques, les droits des travailleurs, la diversité et l'inclusion, ainsi que les relations avec les communautés locales. Les agences de notation examinent comment l'entreprise gère les questions sociales et évalue son impact sur la société. Les entreprises qui investissent dans des programmes sociaux, qui respectent les droits de l'homme, et qui promeuvent la diversité peuvent obtenir de meilleures notations ESG, ce qui peut attirer des investisseurs socialement responsables.

3.2.4.3.3 Gouvernance d'Entreprise :

La gouvernance d'entreprise est un autre aspect clé des critères ESG. Cela concerne la manière dont l'entreprise est dirigée, gérée, et supervisée. Les agences de notation évaluent la transparence des processus de gouvernance, la composition du conseil d'administration, la rémunération des dirigeants, et la protection des droits des actionnaires. Une bonne gouvernance d'entreprise est cruciale pour prévenir les conflits d'intérêts, les pratiques de gestion inappropriées, et les problèmes de corruption. Les entreprises avec une gouvernance solide peuvent bénéficier de notations ESG plus élevées, ce qui renforce la confiance des investisseurs.

3.2.4.3.4 Impact sur les Entreprises :

Les notations ESG ont un impact significatif sur les entreprises. Les investisseurs, y compris les gestionnaires de fonds éthiques et durables, utilisent de plus en plus ces notations pour guider leurs décisions d'investissement. Les entreprises bien notées ESG sont plus susceptibles d'attirer des investissements, d'accéder à des financements à des taux avantageux, et de renforcer leur réputation auprès des clients et des parties prenantes.

3.2.4.3.5 Évolution des Réglementations :

Les réglementations et les exigences en matière de divulgation ESG évoluent, ce qui incite les entreprises à accorder une plus grande importance à ces critères. Par exemple, de nombreuses juridictions imposent désormais la divulgation des informations ESG dans les rapports financiers.

En somme, les pratiques ESG sont de plus en plus prises en compte dans l'évaluation des entreprises, car elles offrent une perspective plus complète de leur impact sur l'environnement, la société et la gouvernance. Cette tendance reflète la demande croissante des investisseurs et des consommateurs en faveur d'entreprises socialement responsables et durables.

En somme, ces critères de notation des entreprises permettent aux agences de notation de fournir une évaluation complète de la qualité du crédit d'une entreprise. Les notations des entreprises influencent les coûts de financement, la confiance des investisseurs, et la stabilité financière de l'entreprise, ce qui en fait un élément central pour les marchés financiers et l'économie en général.

3.3. Critères de notation des collectivités locales

L'évaluation de la solvabilité des collectivités locales est un processus crucial pour les investisseurs, les prêteurs et les autorités locales elles-mêmes. Les agences de notation utilisent des critères spécifiques pour évaluer la capacité des collectivités locales à honorer leurs obligations financières. Dans cette section, nous explorerons les principaux critères de notation des collectivités locales.

3.3.1 Revenus et Dépenses Locales

Les agences de notation analysent en profondeur les revenus et les dépenses des collectivités locales pour évaluer leur solvabilité. Les critères liés à ces aspects comprennent :

- Revenus Locaux : Les sources de revenus des collectivités locales, notamment les impôts fonciers, les taxes locales, les frais de services publics et les subventions gouvernementales, sont examinées. Une diversification des revenus peut être considérée comme un facteur positif.
- Dépenses Locales : Les agences évaluent les dépenses courantes, telles que les coûts liés aux services publics, à l'éducation, aux services sociaux et aux infrastructures. Les niveaux de dépenses par rapport aux revenus sont pris en compte pour évaluer la gestion budgétaire.

3.3.2 Gestion Financière

La gestion financière des collectivités locales est un élément clé dans le processus de notation. Les critères associés à la gestion financière incluent :

- Endettement Local : Les niveaux d'endettement des collectivités locales, y compris la dette à long terme, les obligations municipales, et les obligations de pension, sont évalués. Un endettement excessif peut accroître le risque de défaut.

- Fonds de Réserve : Les agences analysent les fonds de réserve des collectivités locales, qui servent de coussin financier pour faire face à des imprévus ou à des crises.

- Politiques de Gestion de la Dette : Les pratiques de gestion de la dette, y compris le refinancement et la structure de la dette, sont évaluées. Une gestion prudente est un indicateur positif.

3.3.3 Économie Régionale

L'économie régionale a un impact significatif sur la solvabilité des collectivités locales. Les critères associés à l'économie régionale incluent :

- Diversification Économique : Les agences évaluent la diversification de l'économie régionale, y compris la présence de divers secteurs tels que l'industrie, le commerce, l'agriculture, et la technologie. Une économie diversifiée peut être plus résistante aux chocs économiques.

- Tendance de l'Emploi : Les niveaux de chômage, la création d'emplois et la stabilité de l'emploi dans la région sont pris en compte pour évaluer la capacité de la collectivité locale à générer des revenus fiscaux.

- Base Fiscale : Les agences examinent la base fiscale de la collectivité locale, notamment la valeur foncière, les activités économiques et les taxes locales. Une base fiscale solide est un atout pour la solvabilité.

3.3.4 Implications des Notations pour les Collectivités Locales :

Les notations des collectivités locales ont un impact direct sur leur capacité à emprunter sur les marchés financiers, à attirer des investisseurs, et à gérer leurs obligations budgétaires. Une notation élevée est un atout précieux, car elle permet aux collectivités locales d'accéder aux financements à des taux d'intérêt compétitifs, de renforcer leur réputation financière, et de garantir la confiance des investisseurs.

3.3.5 Exemples de Crises Financières et Réformes Réglementaires :

3.3.5.1 Exemples de Crises Financières liées aux Notations des Collectivités Locales

L'histoire financière est marquée par plusieurs exemples de crises liées aux notations des collectivités locales. Ces crises ont eu des répercussions significatives sur les marchés financiers et ont incité les gouvernements et les régulateurs à mettre en place des réformes pour atténuer les risques associés à la notation des dettes municipales. Examinons quelques-uns de ces exemples marquants :

- La Crise des Obligations Municipales de Jefferson County, Alabama (2008) : En 2008, Jefferson County, Alabama, a été confronté à l'une des plus grandes faillites municipales de l'histoire des États-Unis. Cette crise a été en grande partie alimentée par des swaps de taux d'intérêt complexes liés à ses obligations municipales. Les notations de crédit initiales de ces obligations ne reflétaient pas adéquatement les risques sous-jacents, ce qui a conduit à une dégradation rapide de la situation financière de la collectivité. Cette crise a mis en évidence la nécessité d'une surveillance et d'une évaluation plus précises des dettes municipales complexes.

- La Crise de la Ville de Détroit, Michigan (2013) : La ville de Détroit a fait l'objet d'une faillite historique en 2013. Les notations de crédit avaient précédemment échoué à anticiper les problèmes financiers croissants de la ville. Cette crise a conduit à un examen en profondeur des notations des collectivités locales et à un questionnement sur leur précision et leur fiabilité.

- La Crise des Obligations Puerto Rico (2015) : Le territoire non incorporé des États-Unis, Porto Rico, a connu une crise financière majeure en 2015. Les notations de crédit avaient maintenu des notations favorables pour les obligations de Porto Rico, malgré ses problèmes de dette croissants. Cette crise a soulevé des questions sur la manière dont les agences de notation évaluent le risque des collectivités territoriales et a conduit à un examen approfondi de leurs méthodologies.

3.3.5.2 Réformes Réglementaires et Évolutions dans le Domaine de la Notation des Collectivités Locales

Ces crises financières ont incité les régulateurs et les agences de notation à apporter des réformes et des améliorations dans le domaine de la notation des collectivités locales. Voici quelques-unes des réformes et évolutions clés :

- Dodd-Frank Wall Street Reform and Consumer Protection Act : La loi Dodd-Frank, adoptée en réaction à la crise financière de 2008, a introduit des réformes réglementaires visant à accroître la transparence dans le processus de notation des dettes municipales. Elle a également créé des incitations pour les agences de notation à améliorer la qualité de leurs notations.

- Accroissement de la Divulgation : Les émetteurs de dettes municipales sont tenus de fournir des informations plus détaillées aux investisseurs, ce qui permet une évaluation plus précise du risque. Les agences de notation s'appuient sur ces informations pour établir leurs notations.

- Revue des Méthodologies : Les agences de notation ont revu et amélioré leurs méthodologies pour tenir compte des leçons tirées des crises passées. Elles ont également renforcé leurs processus de surveillance continue des notations existantes.

- Pression pour la Transparence : Les régulateurs et les investisseurs ont exercé une pression accrue sur les agences de notation pour qu'elles soient plus transparentes dans leurs processus de notation et qu'elles divulguent leurs critères et méthodologies.

En résumé, les crises financières liées aux notations des collectivités locales ont été des catalyseurs de changement dans le domaine de la notation des dettes municipales. Les réformes réglementaires et les améliorations dans les méthodologies des agences de notation visent à réduire les risques et à garantir une évaluation plus précise de la solvabilité des collectivités locales, contribuant ainsi à la stabilité des marchés financiers.

En somme, l'évaluation des collectivités locales est un processus complexe qui intègre une variété de critères pour évaluer la solvabilité. Les notations des collectivités locales jouent un rôle central dans leur capacité à gérer leurs finances, à attirer des investisseurs, et à maintenir la confiance des marchés financiers.

4. Implications des Notations

4.1 Rôle des Notations pour les États

Les notations de crédit jouent un rôle essentiel dans la manière dont les États gèrent leurs finances, accèdent aux marchés financiers et influencent leur politique budgétaire. Dans cette section, nous explorerons en détail le rôle des notations pour les États et leur impact sur divers aspects de la gestion économique et financière d'un pays.

4.1.1 Accès aux Marchés Financiers

Les notations de crédit ont un impact significatif sur la capacité d'un État à accéder aux marchés financiers internationaux. Voici comment :

- Accès aux Marchés Internationaux : Les États notés de manière élevée (par exemple, avec des notations AAA ou AA) bénéficient d'un accès plus large et plus facile aux marchés internationaux. Les investisseurs ont confiance dans la solvabilité de ces États, ce qui les rend plus attractifs en tant qu'emprunteurs.

- Diversification des Sources de Financement : Les États bien notés ont la possibilité de diversifier leurs sources de financement en émettant des obligations sur des marchés internationaux. Cela leur permet de réduire leur dépendance vis-à-vis des prêteurs nationaux et de mieux gérer leur dette.

- Taux d'Intérêt Concurrentiels : Les États bien notés peuvent emprunter à des taux d'intérêt plus compétitifs, ce qui réduit le coût global de la dette. Cela libère des ressources budgétaires pour d'autres priorités gouvernementales.

4.1.2 Coûts d'Emprunt

Les notations de crédit ont un impact direct sur les coûts d'emprunt des États. Voici comment cela fonctionne :

- Taux d'Intérêt : Les États notés avec des notations élevées bénéficient de taux d'intérêt plus bas sur leurs émissions d'obligations. Les investisseurs exigent une prime de risque moindre, ce qui se traduit par des taux d'intérêt plus favorables.

- Réduction des Coûts Financiers : Les coûts d'emprunt moins élevés réduisent la charge de la dette pour l'État. Cela signifie que moins de ressources budgétaires sont consacrées au remboursement de la dette, ce qui libère des fonds pour d'autres dépenses gouvernementales.

- Impact sur le Budget : Les États notés de manière moins favorable doivent consacrer une part plus importante de leur budget au service de la dette. Cela peut affecter leur capacité à financer des projets d'infrastructures, des services publics ou d'autres initiatives.

4.1.3 Impact sur la Politique Budgétaire

Les notations de crédit influencent la politique budgétaire des États de plusieurs manières :

- Incitation à la Responsabilité Financière : Les États cherchent à maintenir des notations de crédit élevées, ce qui les encourage à maintenir une gestion financière responsable, à éviter des niveaux excessifs d'endettement et à équilibrer leur budget.

- Pression pour la Réduction de la Dette : Les États notés de manière moins favorable sont soumis à des pressions pour réduire leur dette et améliorer leur situation financière afin d'obtenir de meilleures notations.

- Flexibilité Budgétaire : Les États bien notés ont plus de flexibilité budgétaire pour répondre aux besoins économiques et sociaux, car ils peuvent emprunter à des taux avantageux en cas de nécessité.

En conclusion, les notations de crédit jouent un rôle crucial dans la gestion économique et financière des États. Elles influencent l'accès aux marchés financiers, les coûts d'emprunt et la politique budgétaire. Les États cherchent à maintenir des notations élevées pour assurer leur stabilité financière et renforcer leur crédibilité sur la scène internationale.

4.2 Rôle des Notations pour les Entreprises

Les notations de crédit jouent un rôle essentiel pour les entreprises, influençant leur accès au financement, leurs relations avec les investisseurs, et leur gestion du risque. Dans cette section, nous explorerons en détail le rôle majeur que les notations de crédit jouent pour les entreprises.

4.2.1 Accès au Financement

L'accès au financement est l'un des avantages les plus évidents d'une notation de crédit favorable pour une entreprise. Les notations de crédit favorables permettent aux entreprises d'emprunter sur les marchés financiers à des taux d'intérêt plus bas. Voici comment cela fonctionne :

- Coûts de Financement Réduits : Les entreprises bien notées bénéficient de coûts de financement réduits, car les investisseurs perçoivent moins de risque. Cela se traduit par des taux d'intérêt plus bas sur les obligations et les prêts.

- Accès aux Marchés : Les entreprises bien notées ont un accès plus large aux marchés financiers, ce qui signifie qu'elles peuvent lever des capitaux plus facilement pour financer leurs opérations, leurs projets de croissance et leurs besoins en fonds de roulement.

- Diversification des Sources de Financement : Une bonne notation de crédit permet aux entreprises de diversifier leurs sources de financement en émettant des actions ou des obligations, ce qui réduit leur dépendance à l'égard de prêteurs ou d'investisseurs particuliers.

4.2.2 Relations avec les Investisseurs

Les notations de crédit influencent également les relations entre les entreprises et leurs investisseurs. Voici comment :

- Confiance des Investisseurs : Une notation de crédit favorable renforce la confiance des investisseurs dans l'entreprise, les incitant à investir dans ses actions ou à acheter ses obligations.

- Élargissement de la Base d'Investisseurs : Une bonne notation élargit la base d'investisseurs potentiels, attirant des investisseurs institutionnels, des fonds de pension, et d'autres acteurs du marché qui ont des critères d'investissement stricts.

- Moins de Volatilité Boursière : Les entreprises bien notées peuvent connaître une volatilité boursière moindre, car les investisseurs ont tendance à conserver leurs investissements à long terme, renforçant ainsi la stabilité de la valeur des actions.

4.2.3 Gestion du Risque

Les notations de crédit jouent un rôle crucial dans la gestion du risque pour les entreprises. Voici comment :

- Évaluation des Risques : Les notations de crédit fournissent une évaluation indépendante des risques associés à une entreprise. Cela aide les dirigeants à mieux comprendre les vulnérabilités et à élaborer des stratégies de gestion des risques.

- Planification Stratégique : Les notations de crédit influencent la planification stratégique en aidant les entreprises à déterminer les coûts de financement, les opportunités de croissance et les priorités de gestion financière.

- Négociations Contractuelles : Lorsque les entreprises négocient des accords avec des partenaires commerciaux, des prêteurs ou des investisseurs, leurs notations de crédit sont un facteur clé dans ces négociations.

En résumé, les notations de crédit sont un élément central pour les entreprises, influençant leur accès au financement, leurs relations avec les investisseurs, et leur gestion du risque. Une notation de crédit favorable peut avoir un impact positif sur la croissance, la stabilité financière et la réputation de l'entreprise sur les marchés financiers. Cependant, il est essentiel de maintenir et de surveiller ces notations pour garantir une gestion financière solide.

4.3 Rôle des Notations pour les Collectivités Locales

Les notations de crédit des collectivités locales jouent un rôle essentiel dans la gestion financière des gouvernements locaux. Elles influencent le financement des projets publics, la capacité à attirer des investissements, et les taux d'imposition locaux. Cette section se penche sur le rôle majeur que les notations de crédit jouent pour les collectivités locales.

4.3.1 Financement de Projets Publics

Les notations de crédit des collectivités locales sont cruciales pour le financement de projets publics, tels que la construction d'infrastructures, d'écoles, de centres de santé et d'autres initiatives locales. Voici comment cela fonctionne :

- Accès au Marché Obligataire : Les collectivités locales émettent des obligations pour financer ces projets. Des notations de crédit favorables facilitent leur accès aux marchés obligataires, ce qui signifie qu'elles peuvent emprunter à des taux d'intérêt compétitifs.

- Coûts de Financement Réduits : Une notation de crédit élevée permet aux collectivités locales d'emprunter à des taux d'intérêt plus bas, ce qui réduit les coûts d'emprunt et libère des ressources financières pour d'autres projets ou services.

- Attraction des Investisseurs : Les investisseurs sont plus enclins à acheter des obligations émises par des collectivités locales bien notées, ce qui garantit un financement adéquat pour les projets publics.

4.3.2 Capacité à Attirer des Investissements

Les notations de crédit des collectivités locales influencent également leur capacité à attirer des investissements, tant nationaux qu'étrangers. Voici comment :

- Confiance des Investisseurs : Les notations de crédit élevées renforcent la confiance des investisseurs dans la stabilité financière et la capacité de remboursement de la collectivité, ce qui attire des investisseurs potentiels.

- Projets de Développement Économique : Les collectivités locales bien notées sont plus susceptibles d'attirer des projets de développement économique, tels que de nouvelles entreprises, des industries, et des investissements immobiliers, qui stimulent la croissance économique locale.

- Tourisme et Activités Économiques : Les destinations touristiques et les collectivités locales bien notées attirent davantage de touristes, ce qui peut renforcer l'industrie touristique et l'économie locale.

4.3.3 Effets sur les Taux d'Imposition Locaux

Les notations de crédit peuvent également influencer les taux d'imposition locaux. Voici comment :

- Taux d'Intérêt sur la Dette : Une notation de crédit favorable permet de bénéficier de taux d'intérêt plus bas sur la dette, ce qui réduit la charge financière des collectivités locales. Cela peut contribuer à maintenir les taux d'imposition à un niveau raisonnable.

- Flexibilité Budgétaire : Des coûts de financement réduits offrent aux collectivités locales plus de flexibilité budgétaire pour financer des services essentiels sans augmenter les impôts.

- Soutien des Électeurs : Les électeurs sont généralement plus enclins à soutenir des collectivités locales bien notées, ce qui peut faciliter l'approbation de propositions de financement public.

En résumé, les notations de crédit jouent un rôle vital pour les collectivités locales en influençant leur capacité à financer des projets publics, à attirer des investissements, et à maintenir des taux d'imposition locaux raisonnables. Une notation de crédit élevée est un atout précieux qui favorise la stabilité financière et la croissance économique au niveau local.

5. Impact sur la Confiance des Investisseurs et les Marchés Financiers

5.1 Influence sur les Décisions des Investisseurs

Les notations de crédit jouent un rôle central dans les décisions des investisseurs, influençant leur comportement sur les marchés financiers et leur confiance dans la stabilité des investissements. Cette section explorera en détail comment les investisseurs utilisent les notations de crédit et comment la confiance dans ces notations agit comme un indicateur de stabilité.

5.1.1 Comment les Investisseurs Utilisent les Notations

Les notations de crédit sont un outil essentiel pour les investisseurs dans leurs prises de décision, que ce soit pour l'achat d'obligations, d'actions, ou d'autres instruments financiers. Voici comment les investisseurs utilisent les notations de crédit :

- Évaluation du Risque : Les investisseurs utilisent les notations pour évaluer le risque associé à un investissement. Une notation élevée, telle que AAA, est généralement associée à un risque plus faible, tandis qu'une notation plus basse, telle que BB, indique un risque plus élevé.

- Diversification de Portefeuille : Les investisseurs diversifient leur portefeuille en fonction des notations. Ils peuvent choisir d'investir dans une gamme d'instruments allant des obligations souveraines notées AAA aux actions d'entreprises notées BBB, afin de répartir les risques.

- Détermination des Coûts de Financement : Les notations influencent les taux d'intérêt que les émetteurs doivent offrir pour attirer les investisseurs. Les investisseurs examinent les taux d'intérêt en fonction des notations pour évaluer la rentabilité de leurs investissements.

- Révision du Portefeuille : Les investisseurs surveillent régulièrement leurs portefeuilles en fonction des évolutions des notations de crédit. Une dégradation de la notation d'un investissement peut entraîner des ajustements ou des ventes.

5.1.2 La Confiance dans les Notations comme Indicateur de Stabilité

La confiance des investisseurs dans les notations de crédit est essentielle pour le bon fonctionnement des marchés financiers. Voici comment les investisseurs perçoivent les notations comme un indicateur de stabilité :

- Transparence et Objectivité : Les notations sont censées être le résultat d'une évaluation objective et transparente. Les investisseurs ont confiance dans le fait que les agences de notation utilisent des critères uniformes pour évaluer les émetteurs.

- Réduction de l'Asymétrie de l'Information : Les notations permettent de réduire l'asymétrie de l'information entre les investisseurs et les émetteurs. Les notations fournissent une évaluation indépendante du risque, ce qui aide les investisseurs à prendre des décisions éclairées.

- Indicateurs de Qualité : Les notations élevées sont souvent perçues comme des indicateurs de qualité et de fiabilité. Les investisseurs ont tendance à privilégier les investissements notés AAA ou AA en raison de leur réputation de sécurité.

- Conformité Réglementaire : De nombreuses réglementations imposent aux investisseurs institutionnels, tels que les fonds de pension, de détenir des actifs de qualité notés. Cette conformité renforce la demande pour des investissements bien notés.

- Responsabilité des Agences de Notation : Les agences de notation sont responsables de la précision de leurs notations. Les investisseurs ont confiance dans le fait que les agences seront tenues responsables en cas d'erreur ou de négligence.

En somme, les notations de crédit sont un élément fondamental dans les décisions des investisseurs. Leur confiance dans la fiabilité des notations est essentielle pour maintenir la stabilité des marchés financiers et favoriser la transparence. Cependant, il est important de noter que les notations ne sont pas infaillibles et que les investisseurs doivent les utiliser comme l'un des nombreux outils pour évaluer les investissements.

5.2 : Crises Financières et le Rôle des Agences de Notation

Les agences de notation financière jouent un rôle significatif dans le déclenchement ou l'atténuation des crises financières. Leurs notations influencent les décisions des investisseurs, des prêteurs et des émetteurs, et peuvent avoir des conséquences majeures sur la stabilité des marchés financiers. Dans cette section, nous explorerons le rôle des agences de notation dans les crises financières, en mettant en évidence des exemples marquants de telles crises et les réformes réglementaires qui ont suivi la crise financière de 2008.

5.2.1 Exemples de Crises liées aux Notations

- La Crise des Subprimes (2007-2008) : La crise financière mondiale de 2008 est en grande partie liée à la crise des subprimes aux États-Unis. Les agences de notation ont joué un rôle central en accordant des notations élevées à des produits financiers complexes adossés à des prêts hypothécaires risqués. Lorsque la véritable qualité

de ces actifs a été révélée, cela a déclenché une onde de choc à travers les marchés
financiers mondiaux.

- La Crise des Obligations Municipales de Jefferson County, Alabama (2008) : Cette
  crise a été précédée par des notations inadéquates de swaps de taux d'intérêt
  complexes liés aux obligations municipales de la collectivité. Les notations de crédit
  initiales ne reflétaient pas adéquatement les risques sous-jacents, contribuant ainsi à
  la crise financière de Jefferson County.

- La Crise de la Dette Souveraine en Europe (2010-2012) : Les agences de notation
  ont dégradé les notations de plusieurs pays de la zone euro, provoquant une
  augmentation des coûts d'emprunt pour ces États. Cette crise a été alimentée en
  partie par les notations de crédit, ce qui a contribué à une crise de la dette
  souveraine en Europe.

5.2.2 Réformes Réglementaires après la Crise Financière de 2008

La crise financière mondiale de 2008 a mis en lumière les lacunes du système de notation
des agences, ce qui a conduit à des réformes significatives dans le secteur. Voici
quelques-unes des principales réformes réglementaires qui ont été mises en place après la
crise financière de 2008 :

- Dodd-Frank Wall Street Reform and Consumer Protection Act (2010) : Cette loi,
  adoptée aux États-Unis, a introduit des réformes réglementaires visant à accroître la
  transparence dans le processus de notation des agences. Elle a également créé des
  incitations pour les agences de notation à améliorer la qualité de leurs notations.

- Agence Européenne des Marchés Financiers (ESMA) : L'ESMA a été créée pour
  réglementer les agences de notation au sein de l'Union européenne. Elle a introduit
  des normes de transparence, de qualité et de surveillance plus strictes pour les
  agences de notation opérant en Europe.

- Élargissement de la Divulgation : Les émetteurs de titres financiers sont tenus de
  fournir davantage d'informations aux investisseurs, permettant ainsi une évaluation
  plus précise du risque associé à ces titres.

- Pression pour la Transparence : Les régulateurs ont exercé une pression accrue sur
  les agences de notation pour qu'elles soient plus transparentes dans leurs processus
  de notation, et pour qu'elles divulguent leurs critères et méthodologies.

Ces réformes visaient à atténuer les risques liés à l'influence des agences de notation sur
les marchés financiers. Elles ont renforcé la réglementation et amélioré la surveillance des
agences de notation, tout en encourageant une notation plus précise et transparente. Les
crises financières ont servi de catalyseurs pour ces changements réglementaires, dans
l'objectif de prévenir de futures crises similaires.

6. Conclusion

6.1 : Récapitulatif des principales Conclusions

Dans le cadre de notre exploration des agences de notation financière, nous avons examiné en détail leur histoire, leur rôle, leur méthodologie, ainsi que leur impact sur les États, les entreprises et les collectivités locales. Nous avons également étudié les réformes réglementaires qui ont été mises en place pour atténuer les risques associés aux notations. Voici un récapitulatif des principales conclusions auxquelles nous sommes parvenus :

Les Agences de Notation : Toujours Pertinentes ?

Les agences de notation financière continuent de jouer un rôle essentiel dans les marchés financiers mondiaux. Leurs notations sont utilisées par les investisseurs, les prêteurs, les émetteurs, et les régulateurs pour évaluer le risque de crédit des États, des entreprises et des collectivités locales. Cependant, leur pertinence a été remise en question à plusieurs reprises, en particulier à la lumière des crises financières qui n'ont pas été correctement anticipées. Malgré ces critiques, les notations de crédit restent un outil précieux pour les acteurs des marchés financiers, fournissant une évaluation indépendante et standardisée du risque.

Réflexion sur les Réformes Nécessaires

Les crises financières passées ont mis en évidence la nécessité de réformes dans le domaine de la notation financière. Plusieurs mesures ont été prises pour renforcer la transparence, améliorer la qualité des notations et atténuer les risques associés aux notations inadéquates. Ces réformes comprennent la loi Dodd-Frank, qui vise à accroître la réglementation et la surveillance des agences de notation, ainsi que l'augmentation de la divulgation d'informations par les émetteurs de dettes. Les agences de notation ont également revu et amélioré leurs méthodologies pour tenir compte des leçons tirées des crises passées.

Cependant, des défis subsistent, notamment en ce qui concerne la notation des dettes souveraines et des collectivités locales. Les notations de crédit restent sujettes à des biais potentiels, à des conflits d'intérêts et à des limites dans la prévision des crises. Par conséquent, la réflexion sur les réformes nécessaires dans ce domaine se poursuit.

En somme, les agences de notation financière restent un acteur central dans le paysage financier mondial, malgré les défis et les critiques. Les réformes réglementaires visent à renforcer la fiabilité et la transparence de leurs notations. La question de leur pertinence et de leur efficacité continuera à être un sujet de discussion et d'examen à mesure que les marchés financiers évoluent. La notation financière reste un élément clé de la prise de décision financière, et son rôle continuera d'évoluer pour mieux servir les besoins des investisseurs et des émetteurs.

5.2 : Perspectives Futures

À mesure que les marchés financiers évoluent et que de nouveaux défis émergent, il est essentiel d'examiner les perspectives futures des agences de notation et les défis auxquels les marchés financiers pourraient être confrontés.

5.2.1 Évolution des Agences de Notation

Les agences de notation financière ont connu des changements significatifs au fil du temps, et ces évolutions devraient se poursuivre à l'avenir. Voici quelques tendances clés à surveiller :

- Intégration des Pratiques ESG : Les agences de notation continueront probablement à intégrer davantage les critères ESG (Environnement, Social, Gouvernance) dans leurs notations. La durabilité, la responsabilité sociale et la gouvernance d'entreprise deviennent des facteurs de plus en plus importants pour les investisseurs.

- Technologie et Analyse des Données : Les avancées technologiques, telles que l'intelligence artificielle et l'analyse des mégadonnées, joueront un rôle croissant dans le processus de notation. Les agences utiliseront ces outils pour améliorer l'efficacité de leurs évaluations et mieux anticiper les risques.

- Transparence et Responsabilité : Les appels à davantage de transparence dans les processus de notation se poursuivront. Les agences de notation devront être plus responsables dans leurs notations, tout en expliquant clairement leurs critères et leurs méthodologies.

- Concurrence et Consolidation : Le secteur des agences de notation continuera à être caractérisé par une concurrence féroce. De nouvelles agences spécialisées pourraient émerger, tandis que des consolidations entre les acteurs existants pourraient également se produire.

- Réglementation Renforcée : Les régulateurs pourraient renforcer les exigences en matière de notation, ce qui pourrait avoir un impact sur les opérations des agences de notation. Une surveillance accrue pourrait viser à réduire les conflits d'intérêts et à garantir la qualité des notations.

5.2.2 Les Défis à Venir pour les Marchés Financiers

Les marchés financiers sont confrontés à une série de défis qui nécessitent une attention continue et des réponses adaptées. Voici quelques-uns de ces défis :

- Volatilité et Incertitude : Les marchés financiers peuvent être sensibles à la volatilité et à l'incertitude économique et politique. Les crises internationales, les conflits commerciaux et d'autres événements mondiaux peuvent avoir un impact significatif sur les marchés.

- Cybersecurity : Les marchés financiers sont de plus en plus vulnérables aux cyberattaques. La protection des données financières et des systèmes informatiques devient une priorité.

- Réglementation et Conformité : Les marchés financiers sont soumis à une réglementation complexe. Les entreprises et les institutions financières doivent s'adapter aux nouvelles règles et aux exigences de conformité.

- Durabilité Financière : La durabilité financière, y compris les questions ESG, devient de plus en plus importante. Les investisseurs cherchent des opportunités durables et responsables.

- Crises Financières Potentielles : Les marchés sont toujours exposés à des risques de crises financières. Des bulles spéculatives, des défauts de paiement d'entreprises, des tensions géopolitiques, et d'autres facteurs peuvent provoquer des crises.

En somme, l'avenir des agences de notation et des marchés financiers sera marqué par des évolutions constantes et des défis variés. La capacité des agences de notation à s'adapter aux nouvelles réalités du marché et la capacité des acteurs du secteur financier à gérer les risques détermineront en grande partie la stabilité et la viabilité des marchés financiers à l'avenir. Les régulateurs, les investisseurs et les entreprises joueront un rôle clé dans la recherche de solutions aux défis émergents.

6. Annexes

6.1 Glossaire des Termes

Ce glossaire des termes vise à clarifier et à expliquer certains des concepts clés liés aux agences de notation financière, à la notation de crédit, et aux marchés financiers en général.

1. **Agences de Notation Financière** : Des entités spécialisées qui évaluent et attribuent des notations de crédit aux émetteurs de dettes, y compris les États, les entreprises et les collectivités locales.

2. **Notation de Crédit** : Une évaluation de la solvabilité d'un émetteur de dettes, exprimée sous forme de lettre, de chiffre ou de symbole, qui indique le risque de défaut associé à cette dette.

3. **Notation AAA** : La notation la plus élevée, indiquant un risque de défaut très faible. Souvent attribuée aux émetteurs considérés comme très sûrs.

4. **Défaut de Paiement** : Le non-remboursement d'une dette conforme aux termes convenus. Il peut être partiel ou total.

5. **Obligations** : Des titres de créance émis par des entreprises ou des gouvernements, représentant une dette que l'émetteur s'engage à rembourser avec intérêt.

6. **Marchés Financiers** : Les lieux où les investisseurs achètent et vendent des actifs financiers tels que des actions, des obligations, des devises, et des matières premières.

7. **Dette Souveraine** : La dette émise par un gouvernement national, généralement en monnaie nationale ou étrangère.

8. **Dette Municipale** : La dette émise par des collectivités locales, telles que les villes, les comtés, ou les États, pour financer des projets publics.

9. **Dette Corporate** : La dette émise par des entreprises pour financer leurs opérations ou leurs projets.

10. **Réserves de Change** : Les réserves de devises étrangères détenues par une banque centrale ou un gouvernement pour stabiliser la monnaie nationale et faciliter les transactions internationales.

6.2 : Références Bibliographiques

Ce chapitre répertorie les sources de référence et les ouvrages consultés pour la rédaction de cet ouvrage sur les agences de notation financière et la notation de crédit. Il s'agit d'une compilation de ressources qui ont contribué à la recherche et à la création de cet ouvrage. Voici quelques exemples de références bibliographiques :

1. Credit Rating Agencies: Meeting the Needs of the Market and Regulators - Rapport du Financial Stability Forum (FSF), 2009.

2. Credit Rating Agencies: An Analysis of the Issues Raised by the Role of Credit Rating Agencies in the Capital Markets - Rapport du Conseil de Stabilité Financière (FSB), 2010.

3. The Handbook of Credit Risk Management: Originating, Assessing, and Managing Credit Exposures par Sylvain Bouteille et Diane Coogan-Pushner, 2013.

4. Credit Ratings and Sovereign Debt: The Political Economy of Creditworthiness through Risk and Uncertainty par Philip R. Wood, 2015.

5. Credit Rating Agencies: Alternatives to the Issuer-Pays Model par Richard Murphy et Michael Chui, 2017.

6. The Role of Credit Rating Agencies in Shaping Regulatory Capital Requirements par Michael R. King et Steven Ongena, 2018.

7. Credit Rating Agencies and the Global Financial Crisis: Regulating Credit Rating Agencies After the Financial Crisis par Elif Yilmaz et Mariano Selvaggi, 2019.

Ce sont quelques-unes des références bibliographiques qui ont été utilisées pour étoffer la recherche et fournir une base solide pour cet ouvrage. Les lecteurs intéressés par une exploration plus approfondie de ces sujets peuvent consulter ces sources pour approfondir leur compréhension.